스가누마 코우조우 저

samho ETM *Rittor Music*

시작하며

　　이 책은 2주간의 공연 투어를 하면서 공연과 뒷풀이를 모두 마친 후 밤을 새워가며 완성시킨 책입니다. 저는 공연에서의 경험을 가장 중요하게 생각하고 있기 때문에 투어 중에 집필한 이 책이야말로 현역 연주자의 생생한 경험이 담겨 있는 책이라고 자부할 수 있습니다.

　　저는 평론가도 아니고 작가도 아닌 드러머이기 때문에 공연 때 필요한 테크닉과 음악에 대한 다양한 정보, 그리고 제가 드럼을 시작하고 프로 연주자로 자리 잡을 때까지의 경험들을 담으려고 노력했습니다. 본문의 문체는 미사어구를 사용하지 않았기 때문에 어떻게 보면 직설적으로 느껴질 수도 있지만, 저도 여러분과 마찬가지로 앞으로 더욱 성장해가야하는 드러머 중 한 사람이기 때문에 넓은 마음으로 양해해 주시기 바랍니다. 미술과 다르게 음악은 시간예술이므로 드러머는 바로 지금 곡에 적합한 리듬을 적절하게 연주할 수 있는 능력을 갖추고 있어야 할 것입니다. 그럼, 지금부터 연주를 시작해보도록 하겠습니다.

스가누마 코우조우

Contents

Contents

Contents

CHAPTER 1

기본연습을 체계적으로 할 수 있게 해 주는 **팁**

제1장에서는 우선 연습을 위한 연습에 관해 살펴보면서 이 책을 시작하겠습니다. 드럼을 연주하기 위한 신체적인 조건 만들기와 연습패드의 선택방법과 구입 등 드럼을 치기 위한 준비에 관한 내용부터 천천히 살펴보겠습니다. 드럼을 시작한지 얼마 되지 않은 사람들은 의욕이 넘쳐서 하루빨리 멋진 연주를 하고 싶겠지만 클릭에 맞춘 정확한 타점, 적절한 높이, 스틱 사이의 적절한 간격 등을 유지한 상태로 스틱의 반동을 이용하며 연주할 수 있도록 처음부터 올바른 습관을 가져야 합니다. 이 책에서 소개하는 팁들을 모두 소화할 필요는 없습니다. 그 중에서 자신에게 맞는 방법을 선택하되, 금방 질리는 일이 없도록 연습하기 바랍니다. 드럼을 시작한지 오래된 분들의 경우에도 새로운 마음으로 연습해보기 바랍니다.

집에서 연습할 때에는

⬇

목적에 맞는 연습패드를 사용하라

▲ ① 소음 방지효과가 뛰어난 패드
(메쉬)

▲ ② 손목강화에 적당한 패드(문젤)

▲ ③ 두드리는 느낌이 드럼과 거의
비슷한 패드(플래터 패드)

집에서 드럼 연습이 불가능한 경우에는 연습패드를 사용하면 좋습니다. 패드를 선택할 때에는 어떤 연습을 위한 것인가와 어느 부분을 강화하기 위한 것인가 등 목적에 맞는 것을 선택하는 것이 좋습니다. 여기서는 세 종류를 소개해 보도록 하겠습니다.

① 소음 방지효과가 뛰어난 패드 : 연습패드를 두드려도 어느 정도 소리가 나는 것은 감수해야 합니다. 소음을 최대한 줄이고 싶다면 천연 메쉬 소재의 패드를 사용하는 것이 좋습니다. 이 패드는 소음이 적고 반동도 적절한 반면 실제 드럼을 두드리는 것과는 느낌이 많이 다르다는 단점이 있습니다.

② 손목강화에 적당한 패드 : 손목의 강화를 원한다면 반동이 거의 없는 패드를 선택하는 것이 좋습니다. 이 패드를 이용하면 반동에 의지하지 않고 손목의 스냅을 이용하여 드럼을 연주하는 습관을 익힐 수 있습니다.

③ 두드리는 느낌이 드럼과 거의 비슷한 패드 : 연습패드는 일반적으로 반발력이 강한 천연 고무 소재를 사용하기 때문에 손가락이나 손목으로 반동을 컨트롤하는 연습에 적당합니다. 시중에서 판매되고 있는 연습패드의 대부분은 반동을 중요시 한 제품들인데, 실제 스네어 드럼에 비해 반동이 커서 두드리기 편한 반면 이것이 실제 드럼을 연주할 때에는 약간의 문제가 되기도 합니다. 실제로 드럼을 치는 느낌으로 연습하고 싶다면 플래터 패드를 사용하는 것이 좋습니다.

표현력을 키우고 싶다면
⬇
다양한 그립방법을 터득하라

▲ ① 저먼 그립(German Grip)

▲ ② 프렌치 그립(French Grip)

▲ ③ 아메리칸 그립(American Grip)

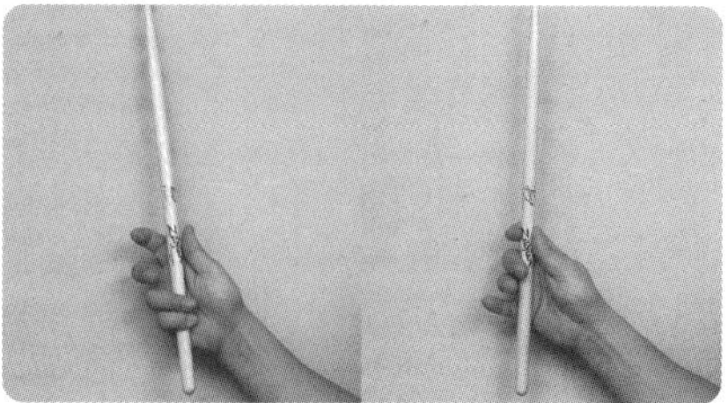

▲ 스틱을 길게 잡는 경우와 짧게 잡는 경우

이번에는 매치드 그립(스틱을 잡는 법)의 종류에 관해 살펴보겠습니다.

① 저먼 그립 : 손등이 위를 향한 상태의 그립입니다. 손목의 움직임이 단순하므로 슬로우~미디움 템포에서 안정된 연주가 가능합니다. 사진에서는 스틱을 비스듬하게 잡고 있는데, 손금의 생명선과 같은 각도로 스틱을 잡는 경우도 있습니다.

② 프렌치 그립 : 엄지손톱이 위를 향한 상태의 그립입니다. 엄지손가락은 스토퍼 역할을 하고 나머지 손가락으로는 리바운드를 컨트롤하기 쉬워 섬세한 연주를 하는데 적당합니다.

③ 아메리칸 그립 : 저먼 그립과 프렌치 그립의 중간 형태로 엄지손가락과 집게손가락 사이를 이용할 수 있어 스틱의 높이를 자유자재로 조절할 수 있고 손가락 또한 자유롭게 사용할 수 있습니다. 그러나 손의 사용이 자유로운 반면 안정된 연주를 위해서는 꾸준한 연습이 필요합니다.

새끼손가락과 약손가락을 축으로 스틱을 길게 잡는 경우, 록 계통의 파워 드러밍 시 효과적이고, 엄지손가락, 집게손가락, 가운뎃손가락을 축으로 짧게 잡는 경우 재즈와 마칭 등의 섬세한 컨트롤을 필요로 하는 연주에 적합합니다.

> 연주할 때의 신체적 부담을 줄이고 싶다면
> ↓
> **스트레칭을 하라**

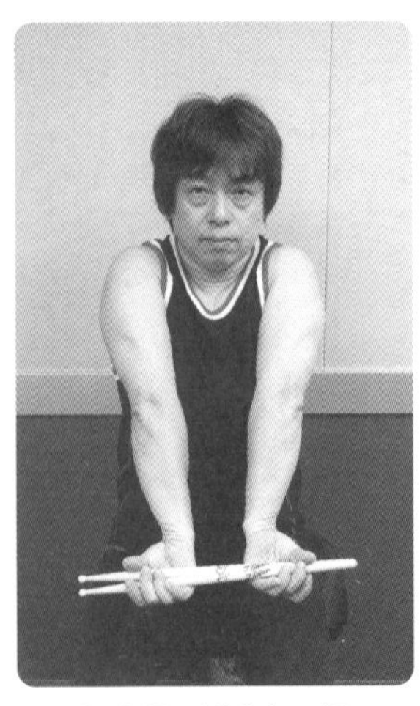

▲ 손을 뒤집은 상태에서 스틱을
흔드는 스트레칭

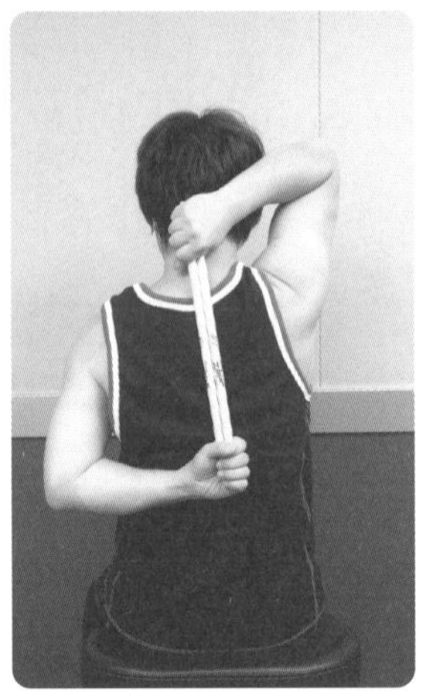

▲ 등 뒤로 스틱을 잡는 스트레칭

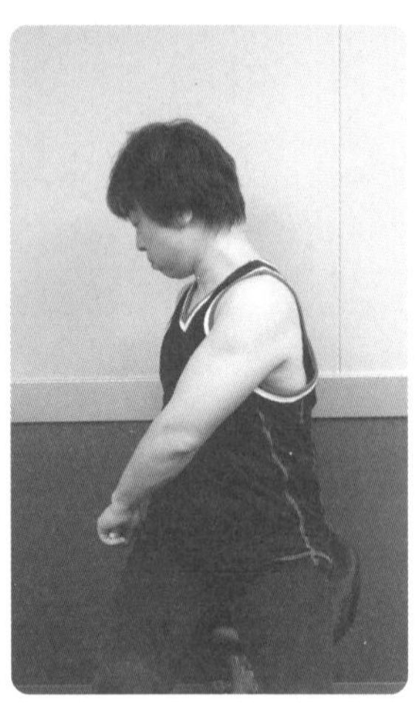

▲ 상반신을 옆으로 트는 스트레칭

많은 사람들이 드럼을 치면 전신운동이 될 것 같다고 생각하는데 이것은 오해입니다. 앉은 상태에서 손·발을 사용하여 연주하는 드럼은 힘의 중심이 허리와 등에 쏠리므로 요통, 탈장, 심지어는 관절염으로 고생하는 드러머들이 많습니다. 예전에 카레이서와 대화할 기회가 있었는데, 그는 제가 드럼을 치는 것을 보고 우리 둘 다 제한된 공간에 앉아서 발을 움직여야 하는 만만치 않은 직업을 가지고 있군요라고 했습니다. 긴밀하게 손가락, 손목, 팔꿈치와 등은 물론 양발까지 사용해야 하는 드러머는 신체에 많은 부담을 느낍니다. 장시간 연주할 때의 신체적 부담을 줄이고 싶다면 연습이나 연주 전에 스트레칭을 통해 관절과 근육을 풀어주는 습관을 갖도록 해야 합니다.

또 오른쪽 페이지의 루디먼트를 위한 기본 체조를 하면 스틱 잡는 힘을 강화할 수 있는데, 사진을 보면서 미리 방법을 파악한 후 팔을 앞으로 쭉 뻗은 상태에서 시작하도록 합시다.

■ 루디먼트를 위한 기본 체조

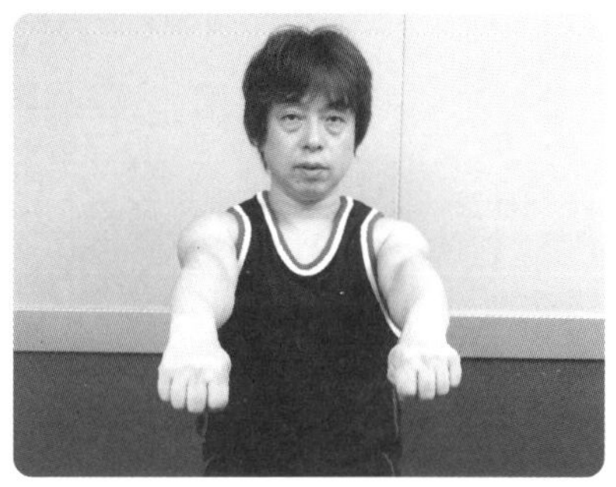 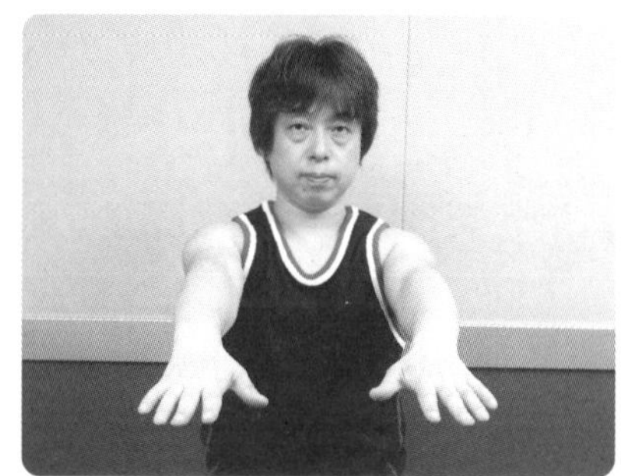

▲ ① 엄지손가락이 손가락 안으로 들어간 상태로 주먹을 쥔 후, 손을 씻은 뒤 물기를 털어내듯이 손가락을 편다.

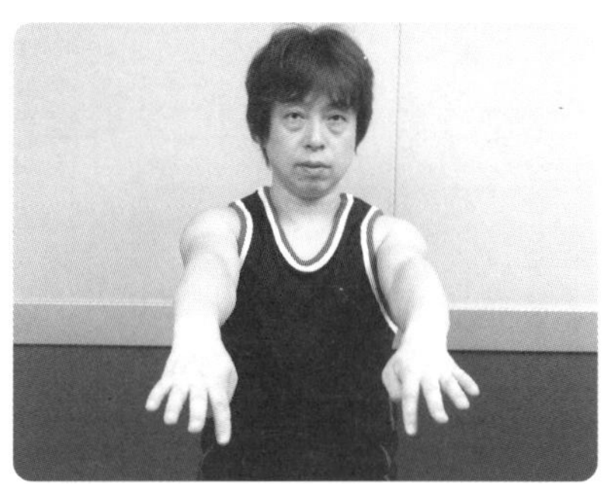 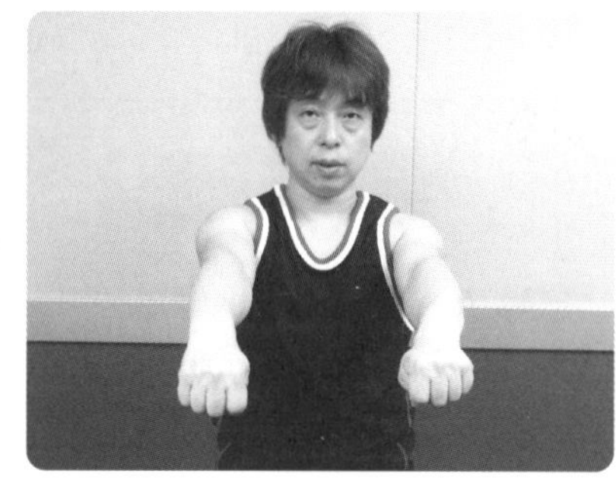

▲ ② 엄지손가락 → 집게손가락 → 가운뎃손가락 → 약손가락 → 새끼손가락 순으로 손가락을 안쪽으로 구부린다. 마지막 단계에서는 엄지손가락이 손가락 안으로 들어간 상태로 주먹을 쥔다.

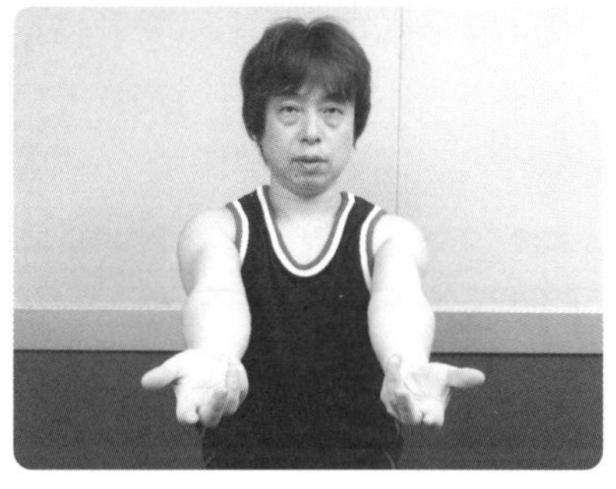 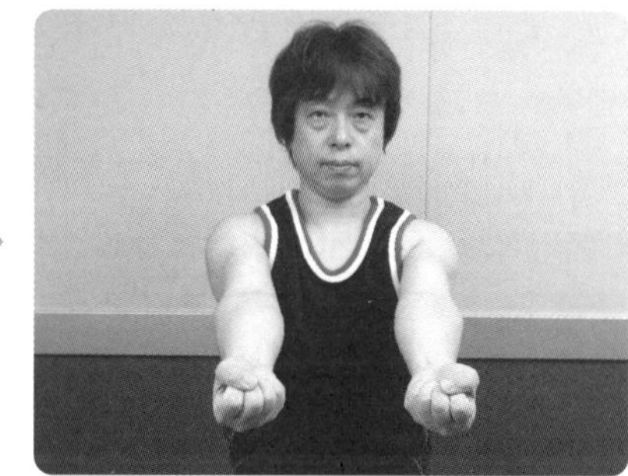

▲ ③ 손바닥이 위를 향하게 한 상태에서 새끼손가락 → 약손가락 → 가운뎃손가락 → 집게손가락 → 엄지손가락 순으로 손가락을 구부린다. 마지막 단계에서는 엄지손가락이 바깥으로 나온 상태로 주먹을 쥔다.

보다 파워풀한 연주를 하고 싶다면

매일 근육을 단련시켜라

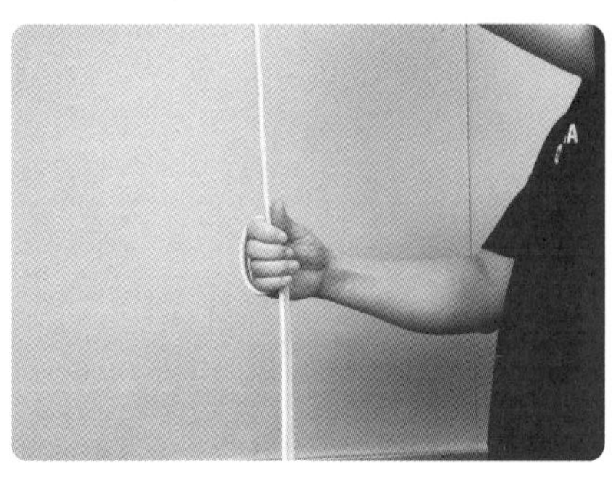

▲ 근육 트레이닝 A

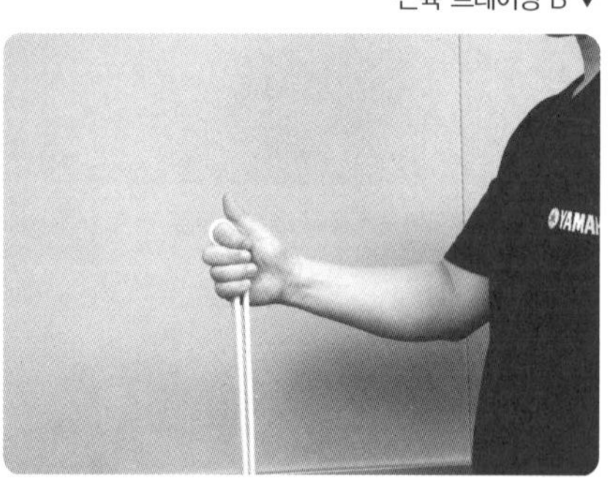

근육 트레이닝 B ▼

"드럼 치는 것은 간단해. 헤드의 리바운드 때문에 스틱을 사용하기가 편하잖아!" 라고 이야기하는 드러머들이 많습니다. 하지만 이것은 앰프를 통해 나오는 다른 파트의 소리에 맞춰 연주해 본 경험이 없거나 좋은 모니터를 사용하여 자신의 소리를 충분히 큰 소리로 들을 수 있을 때에만 할 수 있는 이야기입니다. 자신의 소리를 충분히 내기 위해서는 근력과 체력이 필요하며 운동을 통해 드럼연주에 필요한 근육과 주변의 근육들을 단련시켜두면 편안한 상태에서 큰 음량을 표현할 수 있을 것입니다.

이를 위해 쉽게 구할 수 있고 언제 어디서나 할 수 있는 고무줄을 이용한 근육 트레이닝 방법을 소개하겠습니다. 이 방법들은 스틱을 이용한 효과적인 연주, 지구력 향상, 올바른 자세를 유지할 수 있는 근력의 발달을 도와줄 것입니다. 고무줄을 잡고 천천히 움직여 근육이 긴장되면 호흡을 뱉습니다. 위의 두 가지 방법을 교대로 하면 정확한 드러밍이 가능함과 동시에 손의 부담을 줄일 수 있습니다. 오른쪽 사진의 트레이닝을 두 번 반복한 후에는 쉬면서 근육을 이완시킵니다.

■ 고무줄을 사용한 다양한 근육 트레이닝 방법

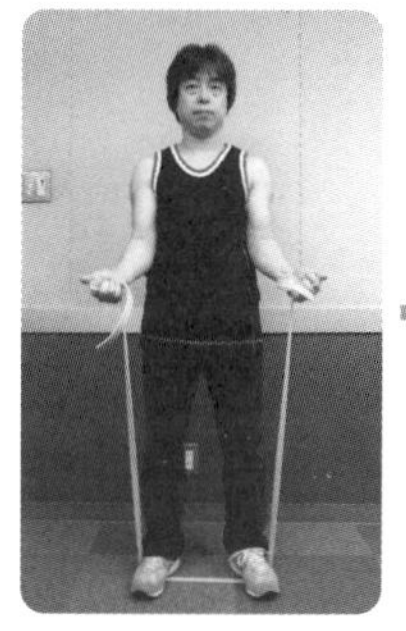

▲ ① 투 핸즈 컬(상박과 이두박근을 단련시킨다)
　→ 10회×5세트

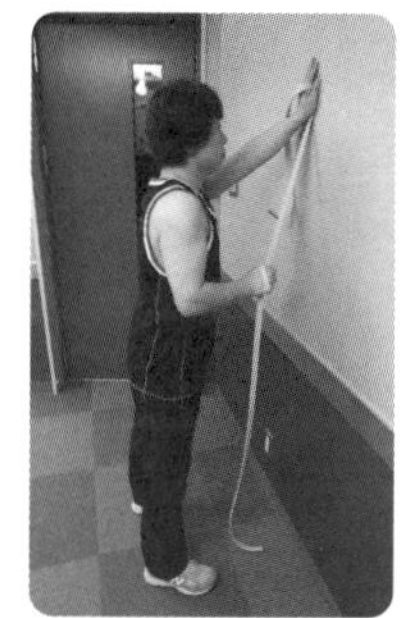

▲ ② 트라이셉스 푸쉬 다운(상박과 삼두근을 단련시킨다)
　→ 10회×5세트

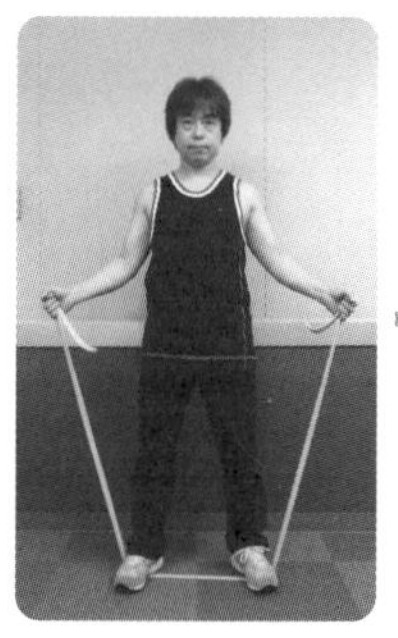

▲ ③ 사이드 레이즈(삼각근을 단련시킨다)
　→ 10회×3세트

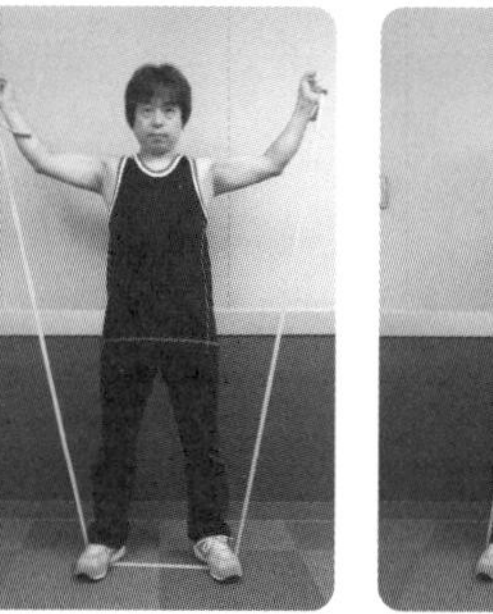

▲ ④ 리버스 컬(전완근을 단련시킨다)
　→ 10회×5세트

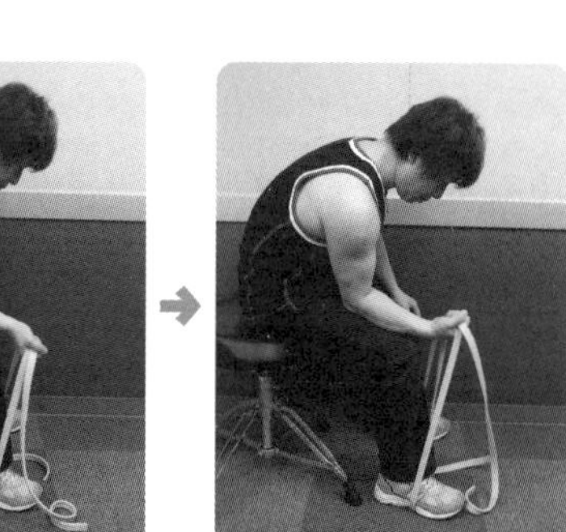

▲ ⑤ 리스트 컬(손목을 단련시킨다)
　→ 10회×5세트

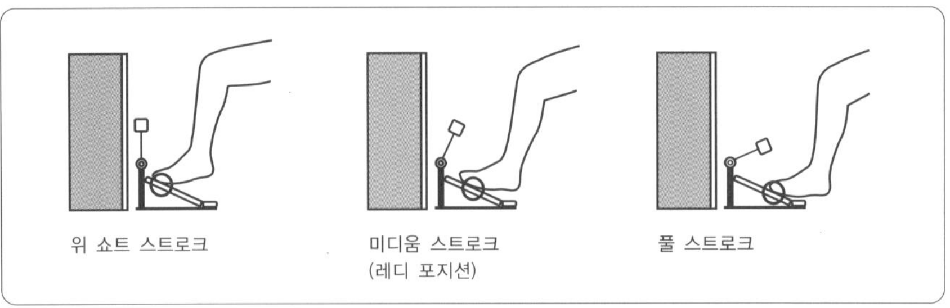

▲ 비터를 이용한 3가지 종류의 스트로크

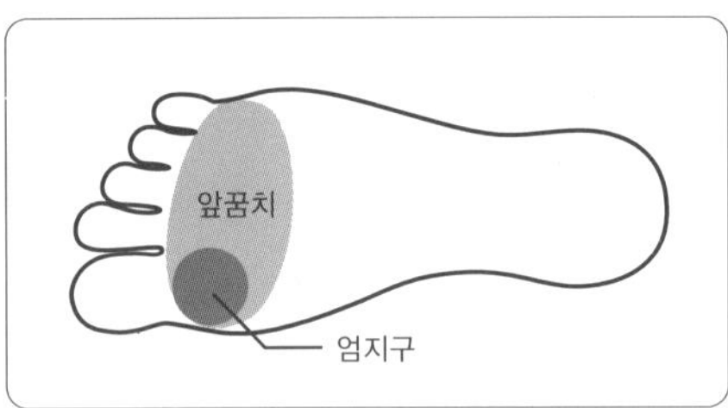

◀ 엄지구와 앞꿈치

'발이 잘 움직이지 않는다.', '더블 킥이 잘 되지 않는다.' 등과 같이 풋 워크에 대해 고민하는 드러머들이 의외로 많습니다. 이와 같은 경우에는 풋 보드 밟는 위치를 확인해보도록 합니다. 실제로 확인해보면 알겠지만 풋 보드의 앞쪽(객석 쪽)을 밟으면 비터가 거의 되돌아오지 않습니다. 반대로 가장 뒤쪽을 밟으면 풀 스트로크는 할 수 있지만 진폭이 너무 커서 컨트롤하기가 힘듭니다. 가장 이상적인 위치는 보드의 중앙을 밟는 것으로 이것을 의식하지 않고 보드의 앞쪽을 밟으면 발이 잘 움직이지 않는 원인이 됩니다. 발이 잘 움직이지 않는 느낌이 들면 풋 보드에서 밟고 있는 위치를 확인해봅시다.

풋 보드를 밟을 때에는 엄지발가락이 시작되는 부분인 엄지구 또는 앞꿈치(발가락 전체가 시작되는 부분)를 사용하는 것이 가장 좋은데, 엄지구는 농구에서 드리블을 하면서 발로 땅을 짚을 때 중요한 역할을 하는 부분입니다.

청중을 매료시키는 드러머가 되고 싶다면
⬇
음악을 들으면서 이미지 트레이닝을 하라

실제로 드럼을 두드리며 연습하는 것뿐만 아니라 자신의 연주를 머릿속으로 상상해보는 것도 연습방법 중 하나입니다. 이동중이나 잠자리에 들기 전 드럼에 관하여 생각하고 있는 모든 시간이 연습시간인 것입니다. 또 음악을 듣는 시간 역시 매우 중요한 시간인데, 음악을 분석한 후 그것을 자신의 연주에 적용하기 위해서는 다양한 음악을 집중해서 듣는 습관을 가져야 합니다. 음악을 들을 때에는 다음 공연에서 그 음악의 그루브를 활용하려는 프로듀서 같은 마음가짐을 갖는 것이 중요합니다. 테크닉적으로 손·발이 잘 돌아가는 것보다 어떻게 하면 청중을 매료시키는 드러머가 될 수 있을지에 관해 생각해보기 바랍니다. 드러머에게 가장 필요한 것은 연주력과 자신을 프로듀스하는 능력입니다. 퍼커셔니스트 랄프 맥도날드는 한 번 들은 사운드는 절대 잊어버리지 않는다고 합니다. 그는 음악을 듣다가 마음에 드는 부분이 있으면 멜로디만 외우는 것이 아니라 전체적인 사운드를 기억한다고 합니다. 단순히 기계적인 리듬연주가 아닌, 멜로디뿐만 아니라 음악 전체의 사운드와 잘 어울리는 그의 연주와 뛰어난 편곡능력은 수많은 아티스트들의 음악을 밑바탕으로 완성된 것입니다.

왼손 힘을 강화하고 싶다면

↓

왼손부터 루디먼트를 시작하라

▲ 왼손 강화를 위한 연습 예

오른손잡이 드러머의 경우 왼손이 오른손에 비해 힘과 스피드가 부족한 것이 당연합니다. 이때에는 왼손강화를 위한 연습방법을 연구해볼 필요가 있습니다. 보통 왼손은 오른손보다 두 배 이상 연습해야 한다고 하는데, 만약 매치드 그립과 레귤러 그립으로 각각 두 배씩 연습한다면 왼손은 금방 망가져버릴 것입니다.

실현이 가능하면서도 가장 이상적인 연습방법은 마칭 프레이즈들의 기본인 루디먼트를 왼손부터 시작하는 것입니다. 싱글 스트로크(한 번 두드리는 것)와 더블 스트로크(한 손으로 두 번 두드리는 것)부터 시작해서 조금씩 발전시켜나가는 방법을 사용하면 더욱 효과적이며 싱글과 더블을 조합한 파라디들의 경우에는 후반부에서 자연스럽게 왼손부터 루디먼트를 시작합니다. 연습시간이 부족한 경우에는 왼손부터 시작하는 3연음을 반복하거나(악보 a), 왼손만을 사용하여 연습하도록 합니다(악보 b). 또 칫솔질을 왼손으로 하거나 전철 손잡이를 왼손으로 잡는 등 일상생활에서 왼손을 자주 사용하는 습관을 갖는 것도 좋습니다.

깔끔한 스트로크를 원한다면

네 가지의 스트로크 방법을 터득하라

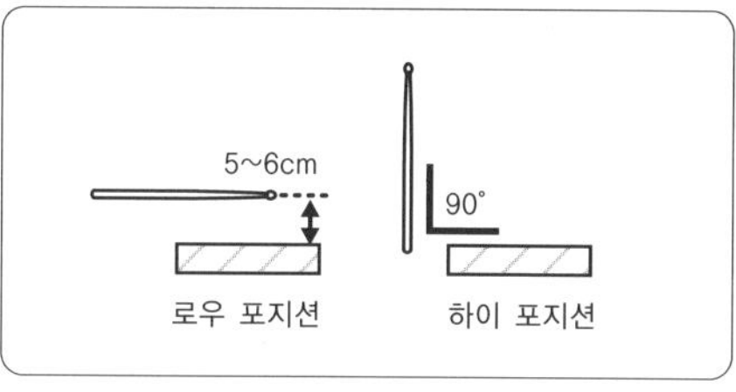

◀ 로우 포지션과 하이 포지션

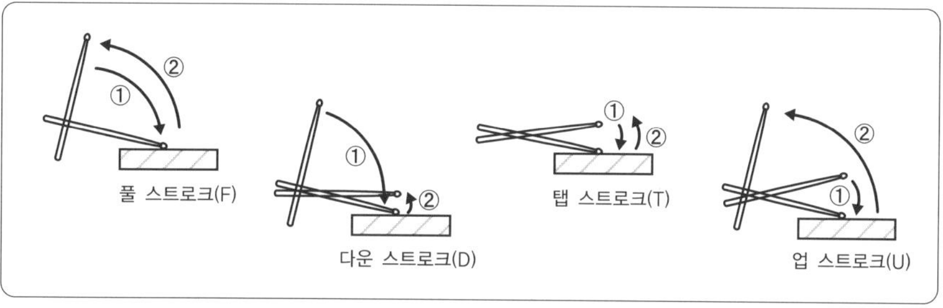

▲ 네 가지의 스트로크 방법

스트로크(스틱으로 연주하는 방법)에는 네 가지가 있습니다. 풀 스트로크(F)와 다운 스트로크(D)는 큰 소리로 연주할 때, 탭 스트로크(T)와 업 스트로크(U)는 작은 소리로 연주할 때 사용합니다. 초보자의 경우에는 지지점이 흔들리지 않도록 항상 같은 그립위치에서 이 네 가지의 스트로크를 완전하게 습득해야 합니다.

① 풀 스트로크(F) : 하이 포지션에서 드럼을 두드린 후 원래 상태(하이포지션)로 돌아와 동작을 마무리하는 스트로크입니다.

② 다운 스트로크(D) : 하이 포지션에서 시작해서 타면보다 약5~6cm 위의 로우 포지션에서 동작을 마무리하는 스트로크로 다운 스트로크 다음에 연주하는 음은 작은 소리가 됩니다.

③ 탭 스트로크(T) : 타면보다 약5~6cm 위의 로우 포지션(또는 10cm이하)에서 시작해서 로우 포지션에서 동작을 마무리하는 스트로크입니다.

④ 업 스트로크(U) : 로우 포지션에서 드럼을 가볍게 두드린 후 하이 포지션으로 동작을 마무리하는 스트로크입니다.

연습시간을 효과적으로 활용하고 싶다면

연습 메뉴를 작성하라

루디먼트
싱글 스트로크, 더블 스트로크, 트리플 스트로크, 플램, 러프, 다양한 파라디들, 다양한 롤, 다양한 러프 스트로크, 그밖에 아메리칸 루디먼트와 스위스식 루디먼트
풋 워크
싱글, 더블, 트리플, 파라디들 등
인디펜던스
2웨이~4웨이
리듬패턴
록, 재즈, 프로그레시브, 라틴 등

▲ 연습 메뉴 작성 예

피아노의 경우 바이엘부터 시작해서 체르니, 부르크뮐러 등과 같이 정해진 순서에 의해 레슨을 진행합니다. 그러나 드럼은 장르나 지도자에 따라 각각 다른 순서와 방식으로 레슨을 진행하는 경우가 많습니다. 또 교재 역시 자유롭게 선택하는 경우가 많기 때문에 개인연습 때에는 음악적인 취향과 필요에 따라 연습내용을 선택하는 것이 좋습니다. 정해진 시간 내에 필요한 부분을 빠짐없이 연습하기 위해서는 연습 메뉴를 작성하는 것이 좋습니다. 위의 표에 드러머들이 연습해야할 과제들을 분류한 연습 메뉴를 수록해 두었으므로(인디펜던스에 관해서는 Tip 088 참조) 이를 참고로 연습을 하되, 필요에 따라서는 연습일지를 기록해 보는 것도 좋습니다.

드럼 연주를 잘하고 싶다면
↓
연습을 게을리하지 말라

단시간에 손과 발을 빠르게 만들 수 있는 연습방법에 관한 질문을 자주 받습니다. 물론 저도 이와 같은 연습방법을 항상 모색하고 있기는 하지만 단시간에 손과 발을 빠르게 만들 수 있는 연습방법을 찾기란 좀처럼 쉽지 않습니다. 예전에 저의 스승이신 고(故) 카와세 가츠히코 선생님께 같은 질문을 한 적이 있었는데, 선생님께서는 "하늘에 있는 별의 개수만큼 연습해라. 네가 드럼을 잘 칠 수 있도록 도와주고 싶은 마음은 굴뚝같지만 내가 너를 대신해서 연습할 수는 없는 노릇이다."라고 대답하셨습니다. 단기간에는 불가능하더라도 꾸준히 연습하면 손과 발을 빠르게 만들 수 있는 합리적인 연습방법들은 시중에 판매되고 있는 레슨 비디오, DVD, 교재 등에 수록되어 있습니다. 하지만 이것을 꾸준히 반복해서 연습하는 것은 결국 자신과의 싸움입니다.

꾸준히 연습하지 않는 드러머가 많은 이유는 드럼은 일주일 정도 연습을 쉬어도 연주에 큰 지장이 없는 악기라는 고정관념 때문입니다. 연습을 하지 않는 드러머가 테크닉보다는 그루브를 더 중요시한다고 말하는 것은 잘못된 생각입니다. 드럼연주를 잘 하고 싶다면 기본적인 테크닉 연습을 반복해서 합리적인 연주법으로 연주할 수 있도록 피나는 노력을 해야 합니다.

실력향상을 원한다면 효과적으로 연습하라

자신이 연습을 얼마나 열심히 하는지 늘 자랑하는 드러머가 있습니다. 그는 매일 4시간 이상 연습실에 처박혀서 연습을 합니다. 장시간 연습을 하는 것은 악기에 익숙해진다는 의미에서는 좋은 것임에 분명하지만, 이런 드러머들의 연습내용을 자세히 살펴보면 자신이 연주 가능한 테크닉만 반복하는 경우가 대부분입니다. 물론 연주가 가능한 프레이즈나 예전부터 꾸준히 반복해온 과제를 연습하는 것도 필요하지만, 실력향상을 위해서는 새로운 연습에 도전할 필요가 있습니다. 그리고 자신보다 실력이 뛰어난 사람에게 조언을 구하는 것도 좋은데, 잘못된 방법으로 연습하는 것은 실력향상은 커녕 나쁜 버릇이 들어 시간낭비가 될 수 있으므로 주의하도록 합니다.

CHAPTER 2

연주에 필요한 **정신력을** **단련**할 수 있게 해 주는 **팁**

연습할 때에는 호흡이 안정된 상태에서 여유 있게 연주하는 것이 가능하지만, 공연 때에는 연주가 뜻대로 되지 않는 경우가 많습니다. 연주에 대한 부담감은 몸에 힘이 너무 들어가거나 긴장해서 연주를 망치는 결과를 낳습니다. 이때에는 드럼을 연주하는 것 자체보다 어떤 상황에서도 편안한 상태로 드럼을 연주할 수 있는 정신력을 기르도록 해야 합니다. 제2장에서는 드러밍의 정신적인 부분에 관하여 살펴보겠습니다. 정신력을 단련할 수 있도록 해주는 팁들은 대개 일상생활에서 적용이 가능한 것들로 공연 때에는 물론, 어떤 상황에서도 최상의 컨디션으로 드럼 연주가 가능하도록 하는 것을 목표로 하고 있습니다.

실력향상을 원한다면
↓
연주할 기회를 최대한 많이 만들어라

　드러머의 연습패턴을 살펴보면 크게 두 가지 타입으로 나눌 수 있습니다. 한 가지는 개인연습을 통해 익힌 테크닉을 공연을 통해 발휘하는 타입이고, 또 한 가지는 공연과 합주를 개인연습 대용으로 삼는 타입입니다.

　저는 전자에 속하는데, 매일 공연을 반복하다보면 손과 발이 점점 느려지는 것을 경험하곤 합니다. 특히 장기간 연주 투어를 하는 경우에는 매일 같은 곡을 몇 시간씩 연주하므로 레퍼토리 이외의 곡을 연주해보면 테크닉적인 완성도가 예전에 비해 낮아진 것을 느낍니다. 이것은 연주 투어 중 재즈 잼 세션을 하다 느낀 부분으로 매일 같은 근육만 사용하기 때문에 생긴 결과라는 것을 알게 된 이후부터는 연주 투어 중에도 잼 세션에 최대한 참여하는 방법으로 대처하고 있습니다.

　후자에 속하는 대표적인 아티스트로는 고(故) 제프 포카로를 꼽을 수 있는데, 그는 자신이 개인연습하는 것을 매우 싫어한다고 공공연하게 이야기하곤 했습니다. 그는 개인연습 대신 전 세계를 누비며 공연하는 것을 즐겼는데, 그의 말을 그대로 받아들여서는 안됩니다. 그의 실력은 피나는 연습 없이는 완성될 수 없는 정도의 수준일 뿐만 아니라 우리가 연습을 하지 않는다고 말하는 것과 대가가 연습을 하지 않는다고 말하는 것은 질적으로나 양적으로 엄청난 차이가 있다는 사실을 명심해야 합니다.

> 자신의 연주 스타일을 정하고 싶다면
> ⬇
> **존경하는 드러머를 롤 모델로 삼아라**

▲ 빌리 코브햄(Billy Cobham)　　　　　　　　　©John Van Hasselt/CORBIS SYGMA

뮤지션들은 대개 자신이 존경하는 아티스트를 롤 모델로 삼고 그들의 연주를 카피하며 연습하는 경우가 많습니다. 저에게 있어서는 빌리 코브햄(Billy Cobham)이 그런 존재였고, 선배인 히가시하라 리키야 씨는 토니 윌리엄스(Tony Williams), 소울 토오루 씨는 나라다 마이클 월든(Narada Michael Walden)이 롤 모델이었습니다. '뭐야, 다른 사람 흉내만 내고 있잖아! 자신만의 개성이 담긴 연주는 언제 할 건데?' 라고 생각할 수도 있겠지만 츠노다☆히로 씨는 다른 연주자의 연주를 흉내 낼 수 없다면 자신만의 연주에 대해 논하지 말라는 명언을 남겼습니다.

이것은 필살기를 많이 가지고 있는 드러머가 되라는 말이 아닙니다. 1996년 애틀랜타 올림픽 개막식에서 안톤 피그(Anton Fig)가 연주했던 심플한 드러밍을 듣고 감동한 사람들이 많을 것입니다. 중요한 것은 자신에게 맞는 드러머의 연주 스타일을 연구하고 그것을 기반으로 자신의 개성을 찾아가는 것입니다. 뮤지션들은 모두 이와 같은 단계를 거치면서 성장해간다는 것을 명심하기 바랍니다.

정확한 그루브로 연주하고 싶다면
↓
다른 사람의 의견에 휘둘리지 마라

드럼 연주를 시작한 지 얼마 되지 않았을 무렵 재즈클럽에서 연주를 하게 되었는데, 피아니스트는 저에게 빨라진다고 하고 베이시스트는 뒤로 쳐진다고 하는 바람에 둘 사이에서 어쩔 줄 몰라 당황했던 기억이 떠오릅니다. 재즈 연주에서 템포가 약간 빨라지는 것은 지극히 자연스러운 것으로 피아니스트 버드 파웰(Bud Powell)의 『클레오파트라의 꿈』이나 테너 색소포니스트 소니 롤린스(Sonny Rollins)의 『세인트 토마스』를 들어보면 처음 템포보다 엔딩 템포가 10이상 빨라진 것을 알 수 있습니다.

하지만 재즈 외의 드러밍에서는 저스트로 연주하는 것을 선호하는 시대가 되었습니다. 때문에 연주 중 리듬적인 문제가 발생했을 때 이것이 항상 드러머의 탓이라고는 할 수 없습니다. 합주를 하다가 리듬적인 문제가 발생한 경우에는 메트로놈을 틀어놓고 연주해봅시다. 클릭 소리를 들으며 다같이 연주해보면 대부분은 기타리스트가 리프를 약간 빨리 연주하는 경우가 많습니다. 이렇게 되면 드러머는 순간적으로 템포감각을 잃어 무거운 느낌의 연주를 할 수 있으므로 주의해야 합니다.

014_장르에 따른 연습과제를 나누어서 연습하라

여러 장르를 소화할 수 있는 드러머가 되고 싶다면

⬇

장르에 따른 연습과제를 나누어서 연습하라

　재즈 드러머는 록 드러머에 대해 무식하게 큰 소리로 연주하는 난폭한 놈이라고 생각하는 경향이 있고 록 드러머는 재즈 드러머를 작은 소리로밖에 연주하지 못하는 허약한 놈이라고 생각하는 경향이 있습니다. 이 두 사람은 같은 드러머임에도 불구하고 연주하는 다이내믹 레인지가 전혀 다릅니다. 또 록 드러머는 베이스 드럼과 스네어 드럼을 기본으로 비트를 연주하고 재즈 드러머는 라이드 심벌의 레가토와 하이햇을 기본으로 비트를 연주하기 때문에 사용하는 뇌도 정반대라고 할 수 있습니다.

　재즈와 록 모두를 연주하는 제 경우에는 연습할 때 장르에 따른 연습과제를 나누어서 연습합니다. 재즈를 연습할 때에는 라이드 심벌의 레가토 연주와 3연음 패턴 등을 작은 음으로 섬세하고 빠르게 연주하는 연습을 주로 하고 록이나 메탈 연습을 할 때는 트윈 페달 연습을 작은 음량으로 느린 템포부터 시작해서 조금씩 음량과 템포를 올리는 연습을 합니다. 어떤 장르를 연습하든지 연습할 때에는 자신의 소리를 잘 들으며 연습하는 것을 잊지 않도록 하고 신체적인 부분과 정신적인 부분이 조화를 이루도록 연습합시다.

한 팀을 오래 지속하고 싶다면

⬇

공과 사를 구분하라

제가 활동하고 있는 결성 15주년을 맞이한 〈FRAGILE〉은 10장 정도의 앨범을 발매한 팀으로 지금까지 별 문제없이 활동을 지속해오고 있습니다. 비결은 공과 사를 구분했기 때문이라고 생각합니다. 멤버와의 유대관계를 지나치게 중시하지 않고 다른 연주자와도 활발하게 교류하며 각자 음악활동을 하다가 〈FRAGILE〉로 모였을 때에는 여느 때와 같이 레코딩을 하기도 하고 연주 투어를 하는 식으로 팀 활동을 하고 있습니다.

제가 아마추어였던 시절에는 밴드 멤버들 간의 유대관계는 가족보다 강하다고 생각하는 경향이 있었습니다. 당시에는 밴드 간의 경쟁심도 매우 치열했기 때문에 제가 다른 밴드의 공연에 세션으로 참여하게 되면 같은 팀 멤버들로부터 따가운 시선을 받곤 했습니다. 그럼에도 불구하고 저는 실력을 키우고 싶은 욕심에 다양한 팀들과 함께 연주하며 실력을 갈고 닦았습니다. 밴드 멤버 각자 다른 연주자들과의 연주를 통해 쌓은 실력을 밴드에 환원한다라고 생각하는 것이 개개인의 실력은 물론 팀 사운드에도 좋은 영향을 미칠 것입니다.

안정된 연주를 하고 싶다면

공연 전에 반드시 식사를 하라

공연 전의 긴장감과 공연 중에 잡념으로 고민하는 연주자들이 많습니다. 이와 같은 문제를 해결할 수 있는 방법은 바로 공연 전에 식사를 하는 것입니다. 의학박사이면서 드러머이기도 한 타카노 요시오 씨에 의하면 식사를 하면 혈당치가 높아지는데, 이것이 근육의 운동을 돕고 집중력을 유지할 수 있도록 해주어 식사를 하고 연주를 하면 공복에 비해 훨씬 편하게 연주할 수 있다고 합니다. 혈당치가 낮은 상태에서 연주를 하게 되면 근육이 뇌의 명령을 제대로 수행하지 못할뿐 더러 집중력이 저하된다고 합니다. 이것은 드러머에게만 적용되는 이야기로 몸의 움직임이 적은 파트의 경우 공연 전에 식사를 하면 졸음이 올 수도 있습니다. 이 외에도 무대를 특별한 공간이라고 생각하지 않는 것도 공연 전의 긴장감을 해소시켜주는 방법 중 하나입니다. 공연 전에는 평소와 다름없이 식사를 한 후 편안한 마음으로 공연에 임하도록 합시다.

공연 시 표현력이 풍부한 연주를 하고 싶다면
↓
이성적인 드러머가 되라

연주 중 드러머가 지나치게 감정적이면 팀 사운드가 무너집니다. 곡을 보다 표현력 있게 연주하기 위해서는 냉정함을 잃지 않도록 해야 하는데, 음량이 커지는 부분에서도 절대로 흥분해서 감정적이 되지 않도록 주의해야 합니다.

제게 빅밴드 연주를 가르쳐주신 나카지마 토시오 선생님(현재 어로우 재즈 오케스트라)은 다이내믹 레인지가 넓은 분입니다. 빅밴드에서는 멤버 전원이 큰 음량으로 연주하다가 순간적으로 피아노 트리오 편성으로 바뀌는 등 폭넓은 곡 전개가 필요한데, 큰 음량에서 작은 음량으로 바뀌는 부분에서 선생님은 마치 다른 사람이 된 것처럼 음량의 폭을 줄입니다. 이처럼 적절한 다이내믹과 혼 섹션에 대한 드럼의 필-인은 멤버 전원이 가지고 있는 기량 이상의 연주를 할 수 있도록 해 줍니다. 연주 중 드러머는 지휘자와 같은 역할을 하는데, 함께 연주하는 사람들이 편하게 연주할 수 있도록 해 주는 드러머야말로 좋은 드러머라고 할 수 있습니다. 여러분의 연주를 되돌아보았을 때 감정적인 부분이 있다면 지금 이 시간부터 이성적인 드러머가 되도록 노력합시다.

최악의 연주를 했다면

↓

다음 날에는 잊어버려라

드럼을 오래 연주하다 보면 마음에 들지 않는 연주를 하는 날도 있기 마련입니다. 특히 큰 공연장에서의 중요한 공연은 스네어 드럼을 한 번 잘못 연주한 것조차 신경이 쓰입니다. 실수한 순간 머릿속에서 '앞으로 불러주지 않으면 어쩌지?!' 라는 생각이 뇌리를 스칩니다.

그러나 공연 후 다른 사람의 평가를 들어보면 자신이 느낀 것과 정반대의 이야기를 하는 경우가 많습니다. '오늘 연주는 정말 최악이었어.' 라고 생각하며 구석에 앉아서 반성하고 있으면 "오늘 연주 공격적인 느낌이 좋았어" 라며 누군가 칭찬해주고, '오늘은 별다른 실수도 없었고 괜찮았던 것 같아.' 라고 생각하면서 한숨 돌리고 있으면 "아까 그 필-인 별로였던 것 같아" 라는 핀잔을 듣곤 합니다.

빅밴드 시절 야시로 아키 씨와의 공연 당일 오토바이 사고가 나서 전신에 타박상을 입고 공연장에 겨우 도착한 적이 있습니다. 밴드 마스터에게 다친 것을 들키지 않도록 주의하며 최대한 몸을 사려서 연주를 했는데, 공연이 끝난 후 야시로 아키 씨로부터 "오늘 최고였어요."라는 칭찬을 들었습니다. 이렇게 자신이 생각하는 것과 다른 사람의 평가는 다를 수 있습니다. 최악의 연주를 했다고 느끼는 경우에도 절대 좌절하지 말기 바랍니다. 또 그날의 연주는 그날로 잊고 항상 새로운 마음으로 연주에 임합시다.

슬럼프에 빠졌다면
↓
초심으로 돌아가라

뮤지션은 테크닉적인 면이나 음악적인 부분에서 벽에 부딪치는 경험을 평생 반복합니다. 특히 자신보다 테크닉이 뛰어나거나 음악성이 뛰어난 드러머의 연주를 보게 되면 자신의 존재가치에 대해 의심하곤 합니다. 10대 때 빌리 코브햄의 연주를 처음 접한 저는 평생 연습해도 저런 연주는 불가능할 것이라는 생각에 슬럼프에 빠지고 말았습니다. 그때 같이 밴드를 하던 기타리스트가 "너는 일본의 빌리 코브햄이 될 수 있을거야!" 라고 격려해 준 덕분에 슬럼프를 극복하고 다음날부터 하루에 8~10시간씩 연습을 하였습니다. 저뿐만 아니라 많은 프로 연주자들은 과거에 죽기 살기로 연습했던 경험이 있습니다. 그리고 한계에 부딪칠 때마다 그때를 떠올리며 초심으로 돌아가곤 합니다. 슬럼프에 빠졌을 때에는 다시 시작하면 됩니다. 새로운 연습과제는 잠시 보류해두고 기본으로 돌아가도록 합시다. 수많은 슬럼프를 겪고 그것을 극복했던 경험은 여러분의 실력에 반드시 나타날 것입니다.

> 어떤 필-인을 해야 할지 고민된다면
> ⬇
> **아무것도 하지 않는 것도
> 필-인이 된다는 것을 기억하라**

▲ 스티브 겟(Steve Gadd)　ⓒDerick A. Thomasi Dat's Jazz / CORBIS

　드럼솔로를 할 때나 필-인을 할 때 뭔가 보여주겠다는 생각을 가져서는 안됩니다. 특히 필-인의 경우에는 뭔가 특별한 필-인을 해야지라고 생각하는 순간 전체적인 곡 흐름이 끊기거나 그 부분만 붕 뜨는 느낌이 듭니다.

　그럼 자연스러운 필-인이란 어떤 것일까요? CD를 들어보면 필-인 없이 코러스로 진행하는 편곡을 자주 볼 수 있습니다. 이런 경우 아무것도 하지 않는 것이 드러머가 선택한 필-인이라고 할 수 있습니다. 물론 단순한 필-인이건 복잡한 필-인이건 연주자의 취향에 따라 선택하면 되지만 가장 중요한 것은 곡과 조화를 이루는 필-인을 선택해야 한다는 사실을 명심합시다. 스티브 겟은 곡의 느낌만 살릴 수 있다면 필-인이 부각되지 않아도 상관없다고 했는데, 이것은 그가 조화로운 연주를 얼마나 중요하게 생각하고 있는지를 보여주는 단적인 예라고 할 수 있습니다. 그럼에도 불구하고 그는 개성있는 연주를 우리에게 선사합니다.

드럼을 시작하는 시기는 빠르면 빠를수록 좋다

전국에서 개최되는 드럼 클리닉을 순회하면서 최근 드러머의 연령층이 점점
낮아지고 있다는 것을 깨달았습니다. 9세 이하의 어린이들조차도 뛰어난 테크닉을
과시하며 드럼을 연주하는 경우가 많습니다. 저도 어린 시절에 드럼을 시작했기 때문에
어린 시기에 드럼을 배우면 얼마나 빨리 실력이 향상되는지 잘 알고 있습니다. 어린이들은
선생님이 "이게 아프로큐반이라는 거야. 오른손은 이렇게, 왼손은 이렇게 연주하면 돼."
라며 시범을 보여주면 그 자리에서 바로 연주하는 경우가 많습니다. 어린 시절에는
배운 것을 빨리 습득했던 것에 비해 최근에는 한 시간 동안 한 프레이즈도 제대로
완성시키지 못하는 제 모습을 보면 드럼은 어릴 때 시작할수록 좋다는 것을
다시 한 번 실감합니다. 예전에는 어릴 때 피아노를 배우는 것이
보편화되었지만 최근에는 드럼을 비롯하여 기타, 베이스 기타를
배우는 경우도 늘고 있습니다.

CHAPTER 3

자신의 연주를 **객관적으로 판단**할 수 있게 해 주는 **팁**

이번에는 드럼 연주하기에 적합한 자세와 폼, 스틱 사용방법, 그리고 스틱의 높이와 다이내믹의 관계, 탐탐을 이동하는 올바른 방법, 비터의 올바른 사용방법 등 자신의 연주를 객관적으로 판단할 수 있게 해 주는 팁을 소개하겠습니다. 드럼이 언뜻 보기에는 그냥 막 두드리는 것 같이 보이지만, 제대로 된 연주를 하기 위해서는 사전에 계산된 정확한 연주방법을 습득해야 합니다. 어떤 프레이즈를 연주하더라도 편안한 자세를 유지할 수 있도록 하고, 어깨→팔꿈치→손가락→스틱을 거쳐 팁(스틱의 가장 끝부분)이 헤드에 닿을 때 드럼연주가 시작된다는 것을 의식한 상태에서 자신의 신체를 연주에 적합하게 컨트롤해야 합니다.

장시간 안정된 자세로 연주하고 싶다면
↓
올바른 세팅 포지션을 설정하라

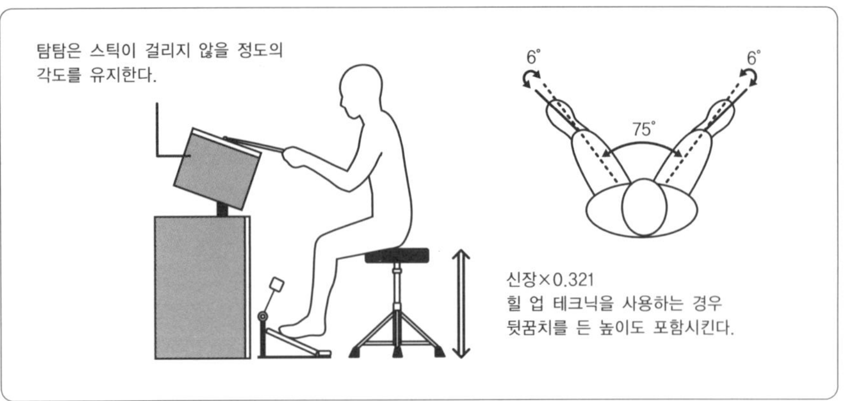

▲ 올바른 의자의 높이

드러머에게 있어서 올바른 세팅 포지션을 설정하는 것은 매우 중요합니다. 우선 의자의 높이는 신장×0.321이 적당한데, 힐 업 테크닉을 사용하는 경우에는 뒷꿈치를 든 것도 높이에 포함시키도록 합니다. 이 높이는 의학적으로 드럼을 연주하기에 가장 적당한 높이입니다. 의자의 높이를 이와 같이 세팅한 후 드럼 앞에 앉으면 각 관절이 연주할 때 사용하는 신체 반경의 정중앙에 옵니다. 또 발은 75° 정도 벌리고 발목 앞부분은 무릎라인에서 6° 정도 바깥으로 벌리는 것이 가장 이상적입니다. 그러나 실제로 앉아보면 약간 높게 느껴질 수도 있습니다. 또 탐탐의 음질을 중시하는 경우에는 각도를 평평하게 세팅하는 것이 좋은데, 스틱을 타면에 떨어뜨리는 각도를 크게 해야 풍부한 음색을 얻을 수 있기 때문입니다. 그러나 이렇게 하면 스네어 드럼에서 탐탐으로 이동할 때 스틱이 걸릴 우려가 있기 때문에 약간 막힌 것 같은 사운드가 나더라도 자신 쪽으로 각도를 기울여서 연주하는 드러머들이 많습니다.

앞서 설명한 것들을 참고로 하여 자신이 연주하기 편하고 신체부담을 최소화할 수 있는 포지션을 찾아봅시다. 아무리 합리적인 위치라 하더라도 연주하기 불편하면 아무 소용이 없으므로 자신에게 가장 적당한 포지션을 찾는 것이 가장 좋은 방법입니다.

> 편안한 상태로 스틱을 사용하고 싶다면
> ⬇
> **핸드 터닝에 주의하라**

▲ ① 사이드 모션 : 가운뎃손가락의 위치는 지지점에 두도록 한다. 스틱을 치켜 올리는 느낌으로 겨드랑이를 벌린다. 이때 팁은 타점을 향한다. 팁을 테이크 백(Take Back)한 후 두드린다.

▲ ② 몰러 팬 스트로크 : 스틱을 새끼손가락과 약손가락으로 잡는다. 부채를 부치는 것처럼 손목을 회전시키면서 두드린다.

스틱으로 드럼을 두드릴 때 어깨를 활 쏘는 것 같은 동작을 취하는데, 이와 같은 팔의 움직임을 핸드 터닝이라고 합니다. 핸드 터닝에 의해 중심을 이동시킴으로써 더욱 힘있게 드럼을 연주할 수 있고 신체에 부담이 줄어 편하게 연주할 수 있습니다.

그럼 핸드 터닝의 대표적인 동작인 사이드 모션에 대해 살펴보겠습니다(사진 ①). 사이드 모션은 간단히 말하면 손목을 안쪽으로 틀면서 드럼을 치는 동작을 말합니다. 여기서는 풀 스트로크에 의한 큰 동작을 소개하고 있지만, 템포가 빨라지거나 섬세한 프레이즈를 연주할 때에는 동작을 작게 취하는 것이 좋습니다. 사이드 모션은 결국 팔꿈치, 손목, 손가락으로 이루어지는 움직임이라고 할 수 있습니다.

이와 반대로 스틱을 가운뎃손가락을 이용하여 잡지 않고 새끼손가락과 약손가락을 중심으로 잡는 몰러 팬 스트로크가 있습니다(사진 ②). 이것은 약간 왼쪽에 세팅한 스네어 드럼을 연주할 때 유용하게 사용할 수 있는 테크닉입니다.

섬세한 연주를 하고 싶다면
↓
탭 스트로크를 정복하라

◀ 레귤러 그립을 사용한 핑거 바운스에 의한 탭 스트로크

핑거 바운스에 의한 탭 ▶

    Tip 008에서 살펴본 것과 같이 탭 스트로크는 5~6cm, 또는 10cm 이하의 작은 동작의 스트로크입니다. 탭 스트로크를 얼마나 작은 동작으로 정확하고 깔끔하게 연주할 수 있느냐 하는 것이 작은 음량에서 정확하고 꽉찬 연주를 할 수 있는 비결입니다. 특히 악센트가 붙은 음에서는 악센트를 강하게 연주하는 느낌보다는 악센트가 없는 음표의 음량을 줄인다는 느낌으로 연주해야 합니다. 그리고 리듬패턴을 연주할 때 *고스트 노트(Ghost Note)는 탭 스트로크로 최대한 작게 연주하면서 그루브 표현에 주의합니다. 탭 스트로크는 느린 템포에서 연주 할 때 손목을 사용하여 낮은 포지션으로 연주하고 빠른 템포에서 연타를 연주하는 경우에는 프렌치 그립으로 손가락을 사용해서 가볍게 바운스를 이용하면 좋습니다. 이와 같이 손가락을 사용하는 테크닉을 핑거 바운스라고 하는데, 특히 왼손 레귤러 그립의 핑거 바운스를 이용한 탭 스트로크(사진)는 반드시 익혀두기 바랍니다. 이것은 몰러 테크닉(Tip 083 참조)으로 4연타(악보 참조) 이상을 연주할 때 반드시 필요한 테크닉입니다.

*거의 들리지 않을 정도로 작게 연주하는 음으로 그레이스 노트라고도 한다.

베이스 드럼의 표현력을 높이고 싶다면

프레스 테크닉과 오픈 테크닉을 마스터하라

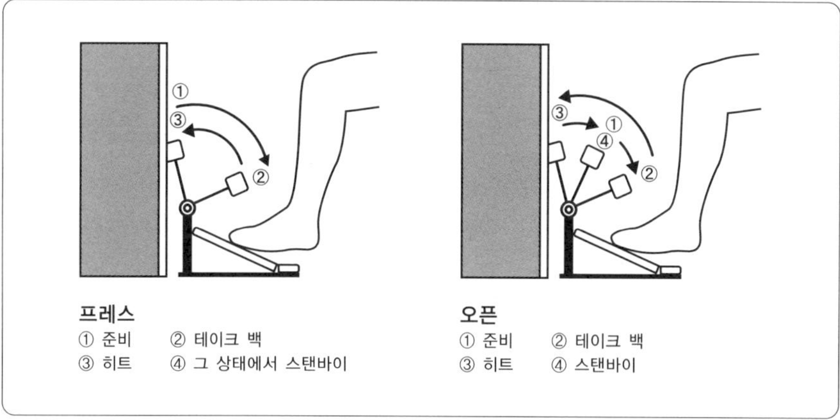

▲ 프레스 테크닉과 오픈 테크닉

일본의 드러머들은 대부분 베이스 드럼 헤드에 비터를 붙여 연주하는 프레스 테크닉을 사용합니다. 프레스 테크닉을 많이 사용하는 이유로 일본인은 농경민족이기 때문에 밟고 있는 동작이 몸에 베어있어 그렇다는 이야기를 많이 하지만, 이는 단지 프레스 테크닉을 사용하는 선생님한테 배운 드러머가 많기 때문입니다.

저도 한때 프레스 테크닉을 사용하던 시기가 있었는데, 당시에는 이 테크닉으로 연주하는 것이 리듬도 안정적이고 보다 풍부한 저음을 만들 수 있다고 생각했습니다. 그러나 재즈를 연주할 기회가 많아지면서 타면에 비터가 닿지 않은 상태로 연주를 시작하는 오픈 테크닉을 사용하게 되었습니다. 오픈 테크닉으로 연주하면 컨트롤이 어려워 음을 두 번 연주하는 경우가 생기므로 주의해야 하지만 보다 풍부한 쉘의 울림을 표현하는데 적당하기 때문에 저는 학생들에게 오픈 테크닉을 권합니다. 그러나 비니 콜라우타(Vinnie Colaiuta)나 제프 포카로(Jeff Porcaro) 등과 같은 프레스 테크닉의 달인 연주를 보면 이 테크닉의 장점도 익혀두는 것이 좋겠다는 생각이 듭니다. 그러므로 두 테크닉을 경우에 따라 적절히 사용하여 표현의 폭을 넓히는것이 가장 이상적입니다.

탐탐을 자연스럽게 돌리고 싶다면
↓
최단코스로 이동하라

▲ 오른손은 프렌치 그립, 왼손은 저먼 그립

제가 드럼을 처음 시작했을 때에는 4기통(북이 4개)이 전성기였기 때문에 탐탐을 돌릴 때에는 스네어 드럼→탐탐→플로어 탐탐 순으로 이동하곤 했습니다. 세팅 자체는 간단하지만 탐탐을 돌리는 것이 쉽지만은 않아서 학원에서 악보 a를 자주 연습했습니다. 선생님은 늘 탐탐을 돌릴 때에는 최단코스로 이동하면서 최소한의 동작으로 큰 움직임을 만들어낼 수 있어야 한다고 말씀하셨습니다. 이때 플로어 탐탐을 연주하는 경우 오른손은 프렌치 그립, 왼손은 저먼 그립을 사용했습니다(사진).

시간이 흐른 후 이번에는 5기통이 주류를 이루면서 3연음이나 16분음표를 자연스럽게 돌릴 수 있는 방법이 예전에 비해 훨씬 다양해졌습니다. 또 더블 스트로크를 사용해서 탐탐을 이동할 필요없이 싱글 스트로크로 플로어 탐탐까지 돌린 후 스네어로 돌아오는 연습(악보 b)이 가능하게 되었습니다.

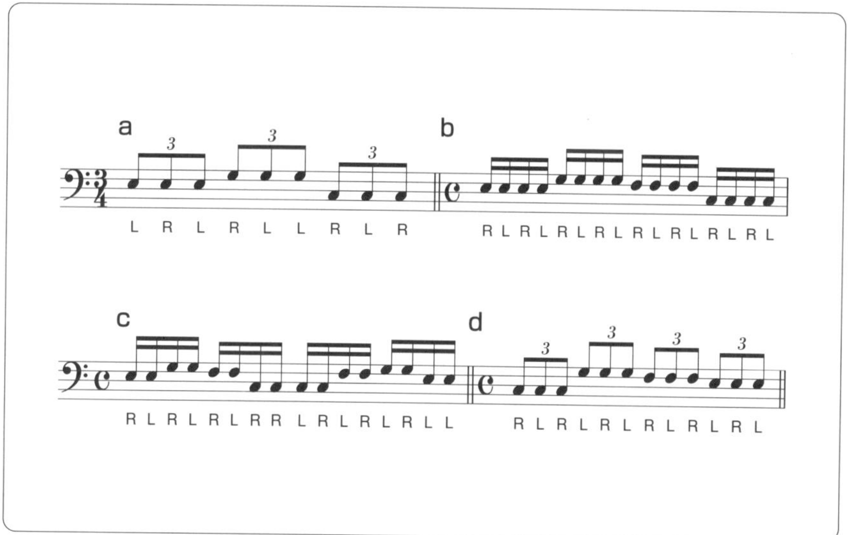

▲ 탐탐 돌리기 연습

요즘에는 필요에 따라 다양한 사이즈의 탐탐을 자유롭게 세팅할 수 있습니다. 그러나 기통 수가 늘어나도 탐탐을 돌릴 때의 기본공식이 최단 코스를 이용하는 것임에는 변함이 없습니다. 연습할 때에는 각각의 탐탐을 두 번씩 연주해서 돌려도 보고 반대로 돌리고 싶을 때에는 마지막에 연주하는 플로어 탐탐을 더블 스트로크로 연주하여 다음 음을 왼손으로 시작하는 방법도 해봅니다(악보 c). 그리고 3연음을 연주할 때에는 음역이 낮은 탐탐부터 돌리는 것이 합리적입니다(악보 d).

심벌을 통해 다양한 사운드를 표현하고 싶다면
↓
심벌의 다양한 타점을 파악하라

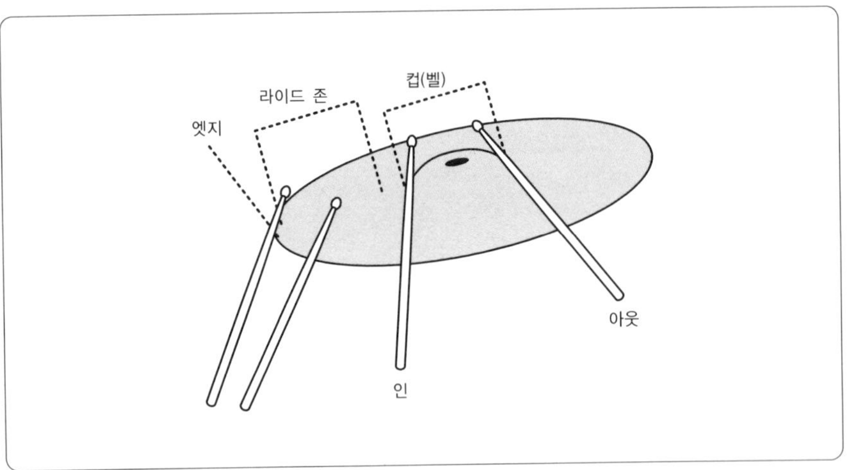

▲ 심벌의 다양한 타점

심벌 한 장으로 낼 수 있는 음색은 100가지 이상에 달한다고 합니다. 라이드 심벌의 가장 기본적인 연주법은 라이드 존을 두드리는 것입니다. 라이드 존은 컵과 엣지의 중간 부분입니다. 홀과 엣지의 중간부분으로 착각하는 일이 없도록 합시다. 저음을 연주하고 싶을 때에는 엣지 주변을 연주하고 고음을 연주하고 싶을 때에는 라이드 존의 중심을 연주하면 됩니다. 라이드 심벌의 컵을 연주할 때는 안쪽을 연주해야 스네어 드럼이나 탐탐으로의 이동이 쉽습니다. 단 버나드 퍼디(Bernard Purdie)처럼 바깥쪽에서 컵을 연주하는 경우도 있으므로 자신이 연주하기 가장 편한 위치를 선택하도록 합니다.

또 엣지 부분을 두드릴 때에는 스틱의 숄더(스틱 끝에서 5cm 정도의 부분)를 사용하여 손을 터는 것 같은 느낌으로 연주하면 좋은데, 약간 비스듬한 상태로 두드리면 어택음을 보다 음악적인 사운드로 표현할 수 있습니다.

심벌로 다양한 음색을 표현하는 것은 드러머의 평생과제라고 할 수 있으며, 다양한 음색을 표현하는데 이펙트 심벌을 사용하는 것도 매우 효과적입니다.

표정이 풍부한 연주를 하고 싶다면

↓

다이내믹을 의식하라

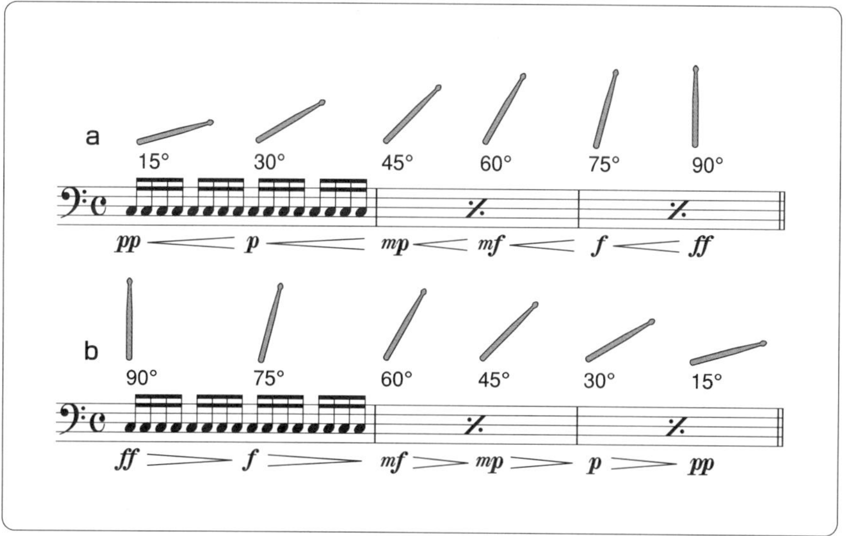

▲ 스틱을 드는 각도에 따라 음량을 변화시킬 수 있다

데이비드 가리발디(David Garibaldi)는 스틱을 드는 각도를 15단계로 나누어서 사용할 수 있다고 했는데, 스틱을 드는 각도가 벨로시티(음량)를 결정한다고 합니다. 1cm의 타현으로 피아니시모부터 포르테까지의 셈여림을 자유롭게 표현할 수 있는 피아노와는 달리 드럼은 손을 높이 올려서 스틱을 내려치면 큰 소리가 나는 단순한 악기입니다.

여기서의 높이는 스틱을 테이크 백(Take Back : 스틱을 들어올려 뒤로 젖히는 동작) 했을 때 팁에서 스네어까지의 높이를 의미하는데, 스틱을 들어올리는 각도에 따라 음량을 변화시킬 수 있습니다. 스틱의 각도를 15° → 30° → 45° → 60° → 75° → 90°로 바꿔가며 6단계의 크레셴도를 연습해 봅시다(악보 a). 또 90° → 75° → 60° → 45° → 30° → 15°의 순으로 데크레셴도를 연습해 봅시다(악보 b). 이 연습을 3연음에서 16분음표로 바꿔가며 연습하면 더욱 효과적입니다.

리듬을 자연스럽게 표현하고 싶다면

하이햇, 스네어 드럼, 베이스 드럼의 밸런스에 주의하라

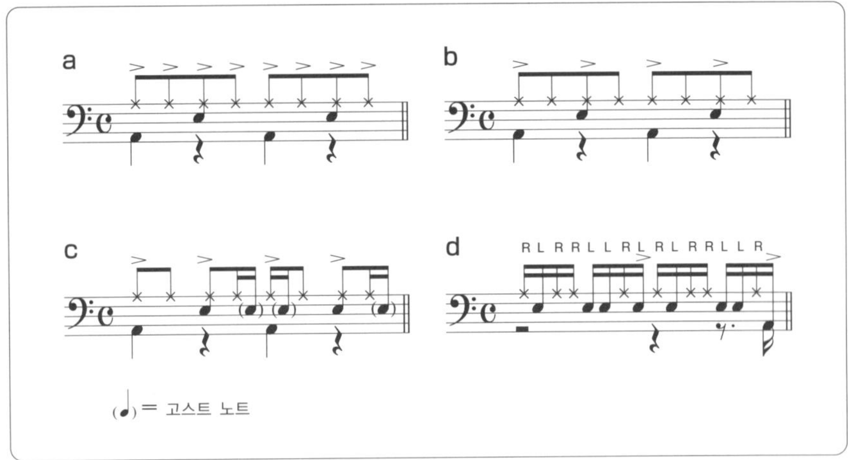

▲ 드럼세트의 음량 밸런스 연습

드럼세트로 리듬을 연주하는 경우 베이스 드럼, 스네어 드럼, 하이햇의 음량 밸런스는 매우 중요합니다. 여기서는 보편적인 밸런스 조절방법에 관해 살펴보겠습니다.

먼저 베이스 드럼과 스네어 드럼의 백 비트(오픈 림샷 또는 ff 로 연주한 백 비트) 음량이 같아지도록 연습합니다(악보 a). 단, 베이스 드럼, 스네어 드럼, 하이햇의 음역대는 각각 달라 완전히 같은 음량으로 연주하긴 어렵지만 자신이 듣기에 비슷한 음량이 되도록 연주합니다.

그러나 이렇게 연주하면 뉘앙스가 없는 그루브가 되기 쉬우므로 고스트 노트를 적절하게 사용합니다. 우선 하이햇의 8분음표 업 비트를 팁으로 가볍게 치면(악보 b) 4분음표가 강조되기 때문에 여유 있으면서도 듣기 좋은 8분음표를 표현할 수 있습니다. 또 스네어 드럼에 16분음표 업 비트로 고스트 노트를 추가해도 약동감을 표현할 수 있습니다(악보 c). 하이햇의 업비트와 스네어 드럼의 고스트 노트는 리듬을 구축할 때 뉘앙스를 주는 역할을 합니다. 이처럼 다양한 음색와 음량의 조합은 연주자 각자의 개성있는 그루브를 만들어 주는데, 리니어 리듬(손·발을 동시에 연

▲ 하이햇, 스네어 드럼, 베이스 드럼의 밸런스에 주의하자

주하지 않는 패턴, 악보 d)은 이것을 증명해주는 대표적인 예입니다.

몇 년 전에 함께 공연한 데이비드 가리발디에 의하면 스네어 드럼은 앞서 나오는 베이스 드럼에 비해 크게 연주하는 것이 좋다고 합니다. 스네어를 가장 크게 연주하고 베이스 드럼은 너무 부각되지 않도록 작게 연주하는 것인데, 이는 버나드 퍼디의 연주를 들어봐도 알 수 있습니다. 가끔씩 곡의 클라이맥스에서 큰 음량을 사용하기도 하지만 기본적인 리듬을 연주하고 있을때는 베이스 드럼을 스네어 드럼보다 작게 연주하고 있습니다.

그러나 반대로 베이스 드럼을 힘있게 연주하는 것으로 유명한 드러머들도 있습니다. 히가시하라 리키야 씨나 토니 윌리엄스 등의 드러머들은 베이스 드럼의 음량을 약간 크게 연주합니다. 하지만 베이스 드럼을 크게 연주하려면 지켜야할 조건이 있습니다. 그 조건은 5분 이상을 리듬의 흔들림 없이 연주할 수 있어야 하고 연주 중에 지치지 않고 베이스 드럼의 일정한 음량을 유지해야 합니다.

이와 같이 장르나 드러머의 음악성에 따라 음량 밸런스에는 조금씩 차이가 있는데, 이것이야말로 연주자의 사운드적 개성이라고 할 수 있습니다.

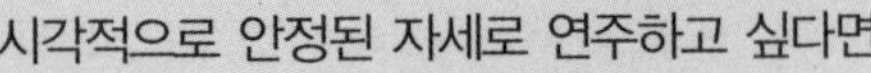

▲ 하우스 앵글

▲ 프렌치 그립

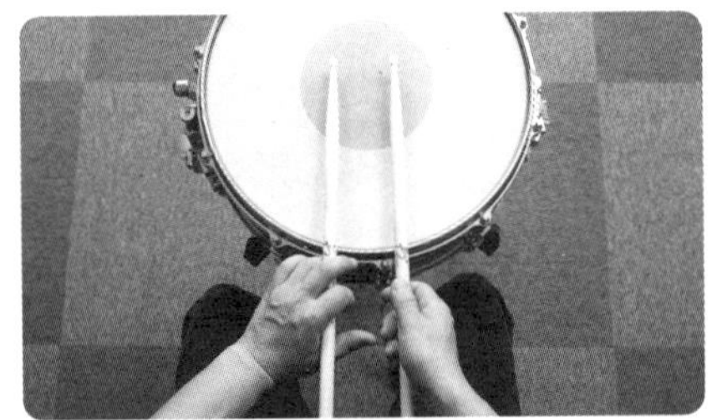

▲ 스틱이 평행을 이루는 레귤러 그립

드럼을 연습할 때에는 우선 스틱의 팁을 보며 연주하는 것이 좋습니다. 이는 팁을 집중해서 응시하라는 이야기가 아니라 늘 의식하라는 것으로 이것을 통해 타점, 높이, 연주하는 모션 등에 관한 정보를 얻을 수 있기 때문입니다.

그리고 그립을 위에서 보면서 자세를 체크합니다. 누구나 좌·우의 그립이 완전히 똑같지는 않은데, 평소에 레귤러 그립(Tip 048 참조)으로 연주하는 드러머가 매치드 그립(Tip 002 참조)으로 바꾸면 왼손이 저면 그립이 되는 경우가 많습니다. 이것은 왼손이 매치드 그립에 익숙하지 않기 때문인데, 이는 오른손과 왼손의 드럼 치는 각도(하우스 앵글)를 맞춤으로써 해결할 수 있습니다. 또 왼손을 스틱이 완전히 평행을 이루는 레귤러 그립으로 연주할 때에도 각도에 주의합니다. 평소에 왼손으로 매치드 그립과 레귤러 그립 모두를 연습해두면 좋습니다. 마지막으로 거울을 보며 전체적인 자세를 체크하고 곡을 연습할 때에도 항상 올바른 자세를 유지할 수 있도록 노력합니다.

030_자신의 연주를 녹음해보자

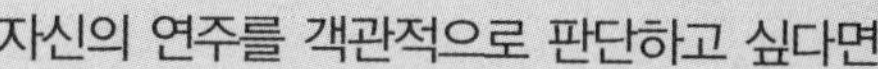

자신이 생각한 대로 연주하고 있는지를 파악하고 싶다면 녹음해서 들어보는 것이 가장 좋은 방법입니다. 녹음한 것을 들을 때에는 우선 전체적인 앙상블을 들으며 멤버 전원의 밸런스가 적절한지 체크합니다. 그다음 베이스 기타와 리듬이 잘 맞는지, 기타나 키보드의 컴핑과 드럼의 비트가 잘 맞는지 등 리듬에 관한 부분을 체크합니다. 여기까지 체크한 후에는 자신의 연주를 집중해서 들어봅니다. 하이햇, 스네어 드럼, 베이스 드럼의 밸런스는 적당한지, 필-인 할 때의 흐름이 자연스러운지, 리듬 킵(Keep)을 잘 하고 있는지 등을 체크합니다.

또 공연 전에 합주한 것을 녹음해보면 곡의 순서와 예상 소요 시간 등을 체크할 수 있습니다. 이것을 공연과 똑같은 순서로 편집해서 mp3 플레이어로 들으면 공연할 때 생길 수 있는 실수를 최대한 줄일 수 있습니다. 그리고 레코딩때 연주할 곡도 미리 녹음해보면 앨범에 수록될 각 곡들의 연주 밸런스를 체크할 수 있음은 물론 편곡에 대한 아이디어를 얻을 수 있습니다. 자신의 연주뿐만 아니라 팀 전체의 사운드를 체크하기 위해서도 녹음해서 들어보는 것은 가장 효과적인 방법입니다.

연륜이 느껴지는 드러머들

최근 드러머의 연령층이 점점 낮아지고 있을뿐 아니라 드럼을 배우기
시작하는 성인도 늘어나고 있습니다. 제가 가르치는 학생들 중에는
드럼을 친 지 2년 정도 밖에 안된 60세 이상의 성인들이 몇 분
계십니다. 비록 경력은 짧지만 그 분들의 연주는 매우 음악적이고
안정적입니다. 물론 신체적인 영향으로 테크닉은 약간
부족하지만, 연륜에서 묻어나오는 자신만의 멋진
연주를 보여주곤 합니다.

CHAPTER 4

드럼이라는 악기에 관해 자세히 알 수 있게 해 주는 팁

드럼이라는 악기는 베이스 드럼, 탐탐, 플로어 탐탐, 스네어 드럼, 심벌, 스탠드 등 그야말로 구조가 복잡한 악기입니다. 그래서 공연 때에는 이것들을 운반하고 조립한 후 손·발을 움직여 가며 연주해야 하므로 상당한 체력이 요구됩니다. 여러분은 자신이 연주하고 있는 이 드럼이라는 악기에 대해 얼마나 알고 계십니까? 제4장에서는 쉘(Shell)의 소재와 사이즈를 시작으로 스탠드와 페달, 심벌, 스틱 등의 올바른 선택방법을 비롯하여 나사를 풀고 죄는 방법 등에 관해 살펴보겠습니다. 부속품이 많다는 것은 그만큼 누릴 수 있는 즐거움이 많다는 것을 의미합니다. 드럼이라는 악기에 대한 지식은 여러분의 연주를 더 즐겁고 편안하게 해줄 것입니다.

031_드럼이란 어떤 악기인가?

자신에게 맞는 드럼을 선택하고 싶다면
⬇
드럼이 어떤 악기인지를 먼저 파악하라

▲ 우드 계열 드럼

▲ 메탈 계열의 스네어 드럼

드럼을 구입하기에 앞서 우선 드럼이 어떤 악기인지 파악할 필요가 있습니다. 타악기는 자명악기, 마찰악기, 명막악기로 분류됩니다. 자명악기란 악기 자체가 공명하는 악기로 글로켄슈필(철금)을 들 수 있고 드럼세트에는 심벌과 카우벨이 있습니다. 마찰악기는 악기를 문질러서 소리 내는데, 표면에 파여 있는 홈을 문질러서 소리 내는 귀로가 이에 속합니다. 드럼은 명막악기에 해당하는데, 이것은 원통형의 쉘(통)에 헤드(가죽)를 붙인 북 종류를 일컫는 말로 삼바음악에 사용되는 라틴계 타악기인 쿠이카(Cuica)도 이에 해당됩니다. 쿠이카는 가죽에 대나무로 된 막대기가 붙어 있는데, 천으로 이것을 문질러서 소리 내는 독특한 악기입니다.

그럼 드럼을 선택할 때 체크해야 할 사항들에 관해 살펴보겠습니다.

① 쉘의 소재

■ 우드 계열 : 목재를 사용한 스네어는 나무의 종류, 원산지에 따라 사운드가 다르므로 자신이 주로 연주하는 장르와 스타일에 맞는 것을 선택하도록 합니다.

• 메이플 : 메이플 소재의 스네어는 밝은 톤이 가장 큰 특징이며 메이플은 도관이 얇고 딱딱하여 섬세하고 단단한 음색을 가지고 있어 풍부한 저음과 중음을 연주하기에 적당합니다. 이 스네어의 음에 대한 표기는 'A'이고 땅땅거리는 소리가 납니다.

• 버찌 : 버찌 소재의 스네어는 메이플보다 약간 어두운 음색을 가지고 있는데, 이것 역시 도관이 얇고 딱딱하여 무거우면서도 존재감이 분명한 소리를 표현할 수 있습니다. 버찌 소재의 스네어의 음

에 대한 표기는 'O'이고 퉁퉁거리는 소리가 납니다.

- 비치 : 비치 소재의 스네어는 중저음(미디움, 로우)의 울림이 가장 큰 특징이며 서스테인은 약간 짧은 편입니다. 이 재질의 스네어는 세월이 흐름에 따라 울림과 음색이 좋아진다는 장점이 있습니다. 이 스네어의 음에 대한 표기는 'U'이고, 떵떵거리는 소리가 납니다.
- 오크 : 오크 소재의 스네어는 저음(로우)의 울림이 가장 큰 특징이며 음량이 매우 크고, 울림도 좋습니다. 이 스네어의 음에 대한 표기는 'O'이고, 퉁퉁거리는 소리가 나는데 버찌에 비해 촉촉한 느낌의 소리가 납니다.

- ■ 메탈 계열 : 메탈 재질을 사용한 스네어는 우드에 비해 큰 음량을 쉽게 얻을 수 있으므로 연주하기에 매우 편한 반면, 자연스러운 음색이라기보다 금속성에 가까운 소리가 납니다. 각 소재의 사운드를 파악하려면 동전을 콘크리트 바닥에 굴리면서 소리를 들어보는 것이 좋습니다.
- 스틸 : 스틸 계열의 스네어는 파워풀하고 직선적인 울림을 가지고 있습니다. 무난한 음색을 가지고 있으므로 처음 드럼을 구입하는 경우 스틸 계열의 스네어를 선택하는 것도 좋습니다.
- 브라스 : 브라스 계열의 스네어는 10원짜리 동전과 같은 재질로 밝고 달콤한 음색이 특징입니다. 칠 때마다 몸으로 느낄 수 있을 정도로 풍부하고 좋은 울림을 가지고 있으므로 사운드의 전체적인 조화를 원한다면 브라스 재질의 스네어를 구입하는 것이 좋습니다.
- 카퍼(구리) : 카퍼 계열의 스네어는 브라스 재질에 비해 깊은 음색을 가지고 있고 어택음의 윤곽이 분명한 것이 특징입니다. 카퍼 소재를 사용한 악기는 합주 시 다른 악기 소리에 묻히지 않는 특성을 가지고 있기 때문에 악기에 사용하기에 가장 적합한 소재라고 할 수 있습니다.
- 알루미늄 : 알루미늄 계열의 스네어는 1원짜리 동전과 같은 재질로 고음부의 특정 주파수가 높기 때문에 독특한 존재감을 발휘하면서도 튀지 않고 듣기 편한 음색을 가지고 있습니다. 알루미늄은 예로부터 스네어의 재료로 사용해 온 매우 뛰어난 소재로 클래식, 재즈, 록 등의 모든 장르에 사용 가능합니다.

② 사이즈

4기통의 가장 표준적인 사이즈는 베이스 드럼-22인치, 탐탐-12~13인치, 플로어 탐탐-16인치, 스네어 드럼-14인치(깊이 5.5인치)이며 사이즈를 선택할 때에는 자신이 주로 연주하는 장르에 따라 선택하는 것이 좋습니다. 올드한 스타일의 헤비 메틀에서는 26~24인치의 베이스 드럼을 사용하는 경우가 많고, 재즈 드럼의 경우에는 베이스 드럼이 20~18인치, 플로어 탐탐이 14인치인 경우가 많습니다. 또 최근 다양한 사이즈의 제품들이 판매되고 있는 하이 피치 스네어는 13, 12, 10인치의 메탈과 우드 계열이 있습니다.

드럼의 소재와 사이즈에 관해 살펴보았는데 이것을 선택하는 것은 결국 여러분입니다. 자신이 연주하기 편하다면 작은 크기의 탐탐을 페달로 연주하는 마르코 미네만(Marco Minnemann)과 같은 파격적인 선택도 얼마든지 가능합니다.

드럼세트에 관해 자세히 알고 싶다면
↓
카탈로그를 수집하라

▲ 카탈로그에는 드럼세트에 관한 다양한 정보가 담겨 있다.

제가 드럼을 처음 시작했던 초등학교 3학년 때 사용하던 드럼은 저렴하고 간단한 구조의 4기통 세트였는데, 5기통을 갖고 싶어하던 중 집에 불이 나서 악기가 다 타버리고 말았습니다. 결국 화재보험 덕분에 펄(Pearl)사의 5기통 드럼을 새로 구입하게 되었는데, 이때 카탈로그에 실려 있던 이 드럼에 대한 광고 카피는 경이로운 두개의 탐탐이었습니다. 그러나 인간의 욕심은 끝이 없는지 저는 각 제품의 광고 카피를 달달 외울 정도로 카탈로그를 보고 매일 카탈로그 속 드럼을 종이에 그리며 시간을 보냈습니다. 어린 제자들이 크리스마스카드에 드럼을 그려서 보낸 것을 볼 때면 어린 시절의 제 모습이 떠오르곤 합니다.

드럼이라는 악기에 대한 동경은 현재 드럼을 연주하고 있는 모든 연주자들이 드럼을 시작하게 된 가장 큰 동기라고 할 수 있는데, 사이먼 필립스 역시 빌리 코브햄의 드럼세트를 동경했다고 합니다. 앞으로 실력이 향상되고 유명한 연주자가 되더라도 악기와 무대를 동경하는 마음을 잃지 말기 바랍니다.

드럼 관련 제품을 구입할 때에는

구입하는 순서를 잘 결정하라

　드럼을 시작하면서 반드시 구입해야 하는 아이템으로는 스틱과 연습패드, 스틱 가방이 있습니다. 다음으로 풋 페달➡스네어 드럼➡심벌 순으로 구입하는 경우가 많고 최종적으로는 드럼세트를 구입합니다.

　물론 처음부터 고급기종을 구입하는 것이 가장 이상적이기는 하지만 저가형 드럼세트를 구입한 후 고급제품으로 하나씩 교환해 가는 방법을 선택할 수도 있습니다. 최근 시중에서 판매하고 있는 저가형 드럼세트의 품질도 상당한 수준에 이르렀고 의자와 심벌까지 포함한 제품도 많으므로 직접 연주해보고 선택합시다.

　드럼세트를 구입한 이후에 구입하는 제품들의 가격수준은 드러머의 취향에 따라 다른데, 드럼세트 한 대와 비슷한 가격의 스네어 드럼을 구입하는 드러머도 많습니다. 또 심벌을 구입하는 순서는 라이드➡하이햇➡크래쉬 순으로 구입하는 것이 일반적인데, 제 경우에는 우선 드럼세트를 구입한 후 고급제품에 속하는 스네어 드럼 ➡풋 페달➡라이드 심벌➡크래쉬 심벌 순으로 구입했습니다. 드럼은 구조가 복잡한 악기이기 때문에 어떤 것부터 구입할 것인지에 대한 순서를 고려하는 것은 매우 중요한 일입니다.

자신에게 맞는 스틱을 선택하고 싶다면
↓
스틱에 관한 지식을 습득하라

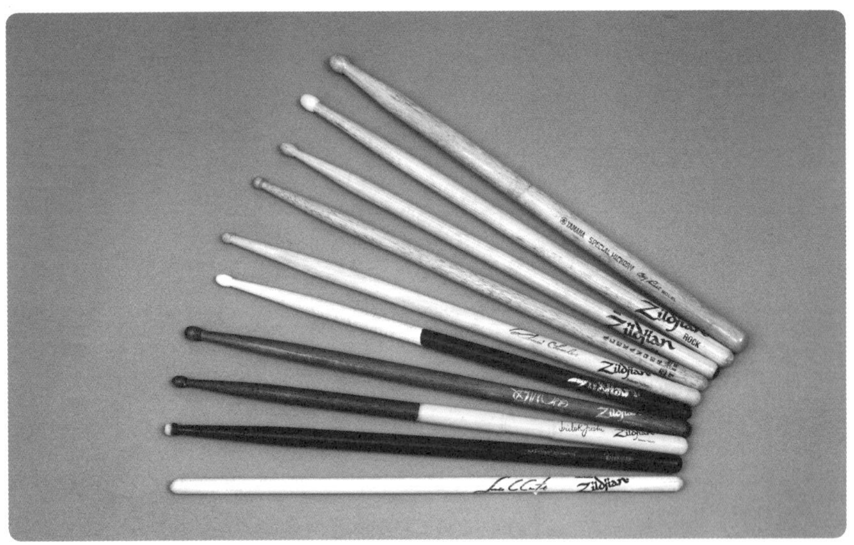

▲ 스틱에는 다양한 종류가 있다.

이번에는 스틱을 선택하는 요령에 관해 살펴보겠습니다. 요즘은 악기점의 스틱 코너에는 저울이 구비되어 있기 때문에 좌·우 스틱의 무게가 균등한지 사전에 체크해보고 구입할 수 있습니다. 무게를 잰 후에는 나뭇결을 살펴봅니다. 나뭇결이 비스듬하게 되어 있으면 그 결을 따라 스틱이 부서질 우려가 있으므로 주의합니다. 그리고 반드시 자신의 손에 맞게 가공된 스틱을 선택해야 하는데, 일반적으로는 니스 칠이 되어 있는 것을 선택하는 것이 좋지만 손에 땀이 많은 경우에는 니스 칠이 되어 있지 않는 것을 고르는 것이 좋습니다. 또 연주 중에 스틱을 자주 떨어뜨리는 경우에는 그립 부분에 미끄럼 방지용 고무가 달린 것을 선택하고, 드럼을 강하게 연주하여 손바닥이 자주 붓는 경우에는 비주얼과 미끄럼 방지의 효과를 동시에 갖춘 드럼용 장갑을 사용하는 것도 좋습니다.

팁의 모양은 타원형을 가장 많이 사용하는데 팝, 마칭에서 재즈에 이르기까지 폭

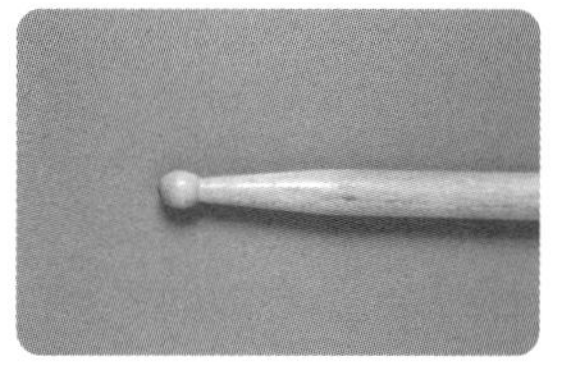

▲ 특 대형 팁
(코지 파웰(Cozy Powell) 모델/야마하)

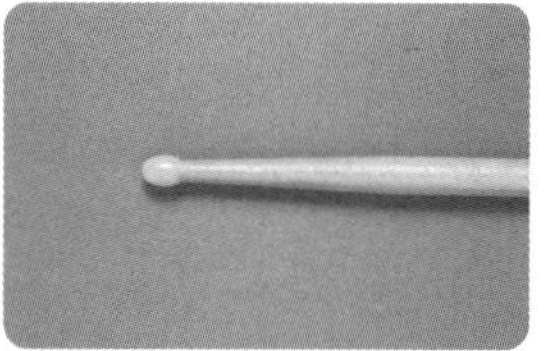

▲ 나일론 재질의 특 대형 팁
(록/질지언)

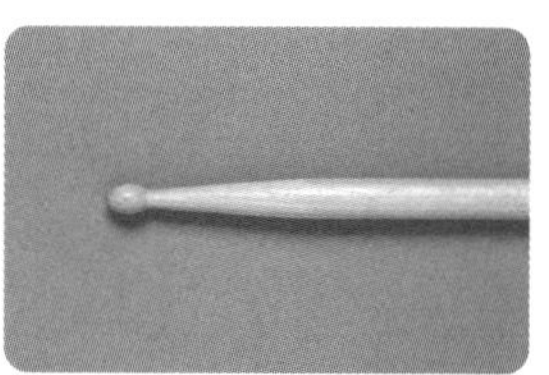

▲ 대형 팁
(5A/질지언)

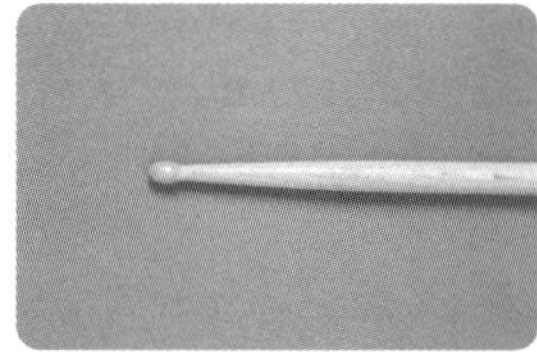

▲ 표준 팁
(테리 린 케링튼(Terri Lyne Carrington)
모델/질지언)

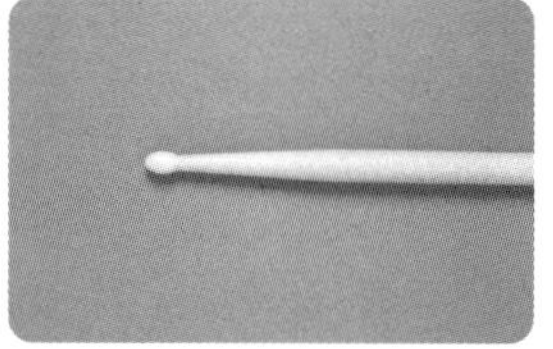

▲ 나일론 재질의 표준 팁
(7A/질지언)

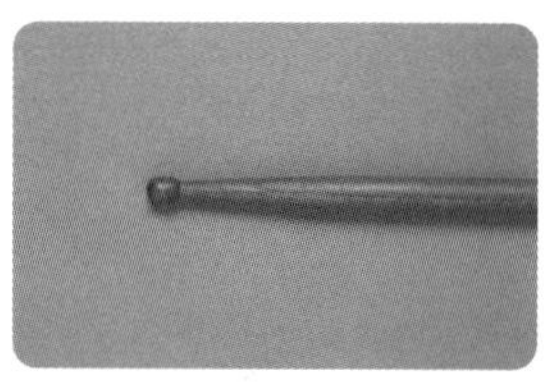

▲ 대형 팁
(존 오토(John Otto) 모델/질지언)

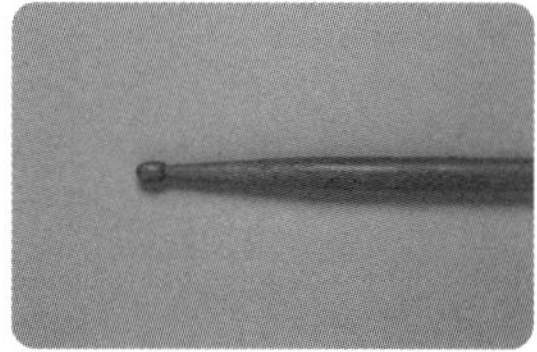

▲ 소형 팁
(트릴로그 그루투(Trilok Gurtu)
모델/질지언)

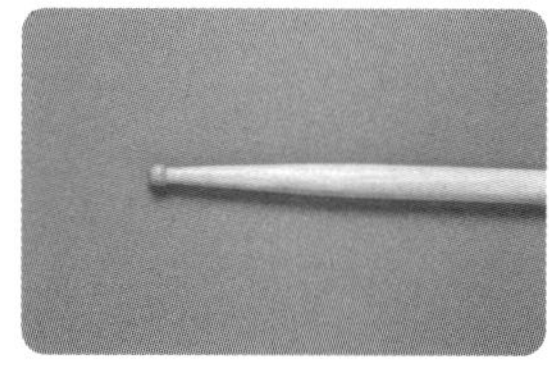

▲ 원형 팁/소형
(데니스 챔버스(Dennis Chambers)
모델/질지언)

▲ 원형 팁/소형
(팀 알렉산더(Tim Alexander)
모델/질지언)

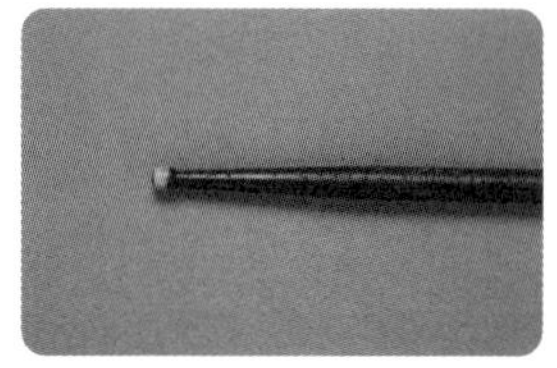

▲ 각형 팁
(스티브 갯(Steve Gadd) 모델/빅퍼스)

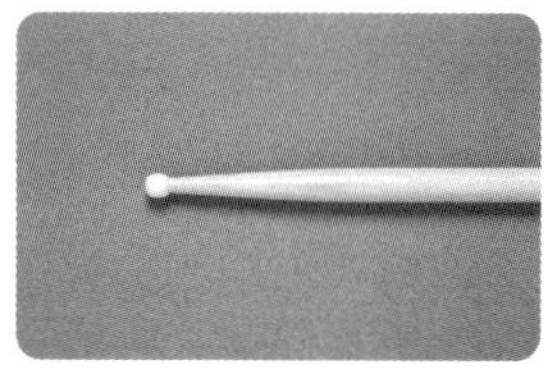

▲ 나일론 재질의 각형 팁
(스가누마 코우조우(Kozo Suganuma)
모델/질지언)

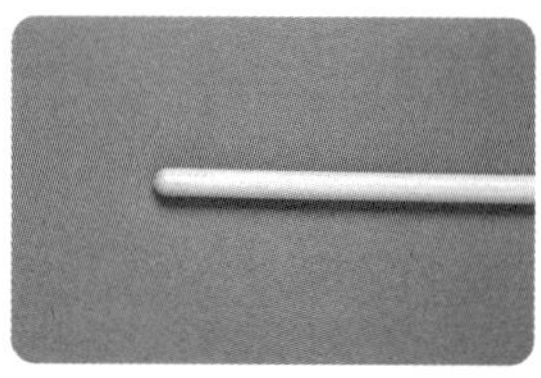

▲ 팁이 없는 형태의 스틱
(루이스 콘테(Luis Conte) 모델/질지언)

넓게 사용할 수 있습니다. 둥근 모양의 팁은 어느 각도에서 드럼을 연주해도 균등한 밸런스를 유지할 수 있고, 삼각형 모양의 팁은 개성이 강한 음색을 만들 때 유리합니다. 또 나일론 재질의 팁은 좌·우 음색을 맞추기 쉽고 심벌을 연주할 때 분명한 음색을 만들 수 있으므로 사용해 보기 바랍니다.

악기를 안전하게 운반하고 싶다면
⬇
하드 케이스와 소프트 케이스를 적절히 활용하라

▲ 하드 케이스

▲ 소프트 케이스

드럼을 운반할 때 외부의 충격으로부터 악기를 보호하는 최고의 방법은 하드 케이스를 사용하는 것입니다. 하드 케이스를 사용하면 악기를 쌓아올린 상태로 운반하거나 다른 악기를 위에 쌓는 것도 가능합니다. 그러나 하드 케이스의 내부에는 충격을 흡수하는 쿠션이 없기 때문에 드럼의 홀드 부분에 충격을 가할 수 있으므로 주의해야 합니다.

제 경우에는 연주 투어로 많은 장비를 운반해야 하는 경우에는 하드 케이스를 사용하고 가까운 거리를 이동할 때는 소프트 케이스를 사용합니다. 소프트 케이스는 하드 케이스에 비해 공간을 절약할 수 있다는 장점이 있지만 운반 시 더 세심한 주의를 기울여야 됩니다. 스탠드 케이스 역시 평상시에는 하드 케이스를 사용하지만 소규모 세트를 운반하는 경우에는 소프트 케이스를 사용합니다. 소프트 케이스는 형태가 고정되어 있지 않기 때문에 짐을 실을 때 공간을 활용할 수 있고 충격 방지용 쿠션이 있는 점이 가장 큰 장점입니다.

너무 꽉 조여있는 나사를 풀고 싶다면

↓

스틱과 소품을 활용하라

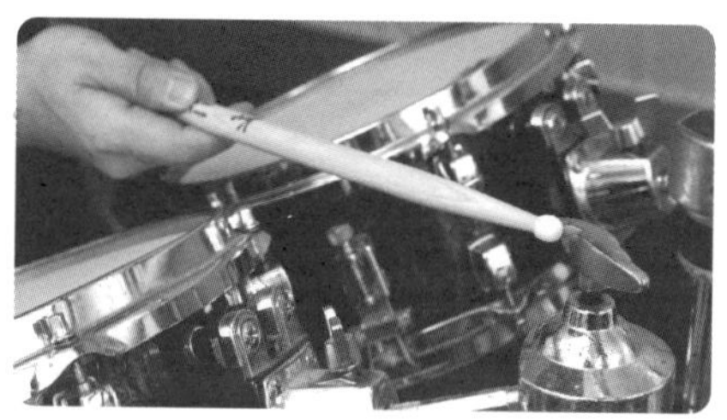

▲ 스틱으로 나사의 끝부분을 두드린다.

◀ 스틱을 이용하여 나사를 푼다.

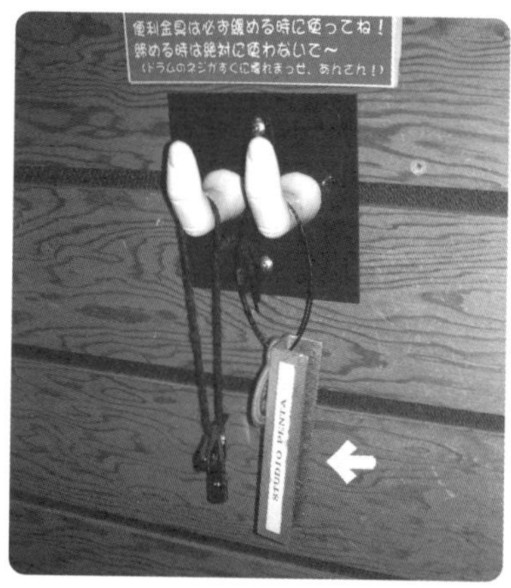

▲ 'ㄷ'자 모양의 나사를 푸는 기구

합주실이나 클럽에 있는 드럼의 톤을 조절하려고 할 때 영원히 풀 수 없을 것 같이 나사가 꽉 조여있는 경우가 많아서 당황하곤 합니다. 이때 손으로 나사를 풀려고 하면 풀리기는커녕 손을 다치는 경우가 생깁니다.

이런 경우에는 스틱으로 나사의 끝부분을 두드리면 간단하게 나사를 풀 수 있습니다. 나사의 끝부분을 몇 번 가볍게 두드리면 나사가 느슨해지는데, 팁으로 두드리는 것보다 스틱의 그립부분을 이용하는 것이 좋습니다. 이때 지나치게 세게 두드리면 역효과가 날 수 있으므로 주의합니다. 또 나사를 스틱 사이에 끼운 상태로 돌리는 방법이 있는데 이 방법 역시 매우 효과적입니다. 그러나 스틱에 흠집이 생기거나 움푹 패일 우려가 있으므로 주의해야 합니다.

가장 편리한 방법은 녹음실에 비치되어 있는 'ㄷ'자 모양의 나사를 푸는 도구를 사용하는 것입니다. 이것은 알루미늄 재질로 되어 있는데 목공용품을 판매하는 곳에서 구입할 수 있습니다. 아니면 단단한 재료를 'ㄷ'모양으로 잘라 직접 만들어보는 것도 좋습니다.

심벌을 올바로 세팅하고 싶다면

⬇

스트레이트 스탠드와 붐 스탠드를 적절하게 사용하라

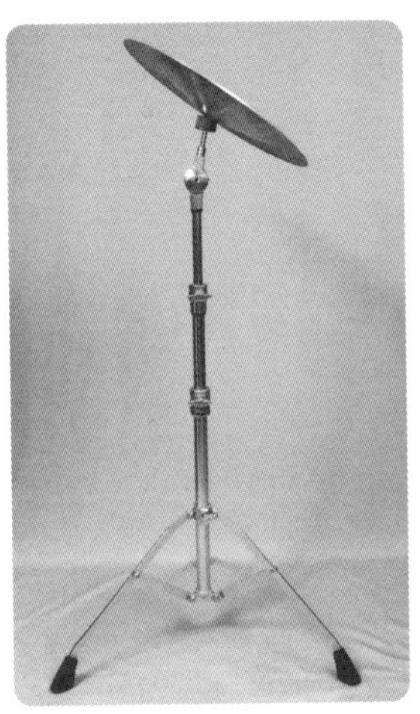

▲ 스트레이트 스탠드

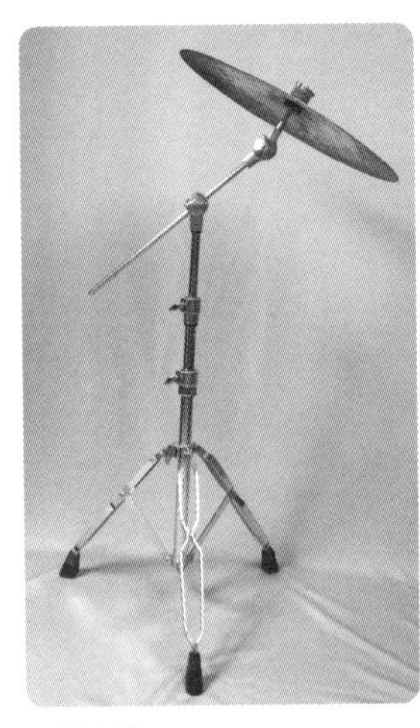

▲ 붐 스탠드

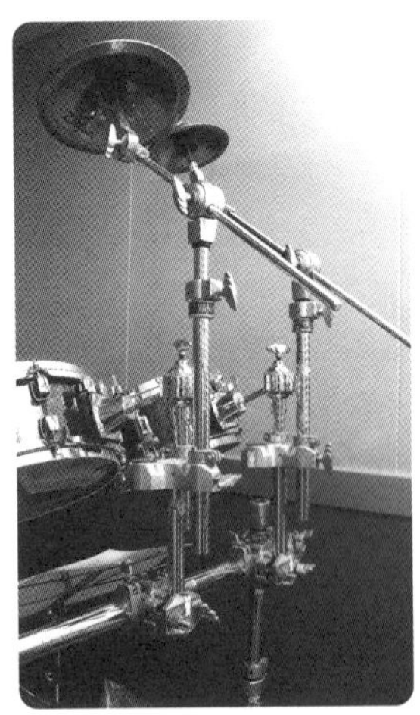

▲ 멀티 클램프

심벌 스탠드는 크게 스트레이트 스탠드와 붐 스탠드로 나눌 수 있습니다. 스트레이트 스탠드는 라이드 심벌 등 무거운 심벌을 세팅하기에 적합하고 붐 스탠드는 심벌을 많이 사용하는 경우 탐탐이나 플로어 탐탐 윗부분에 심벌을 세팅하기에 적합합니다. 자신이 가지고 있는 심벌의 종류와 수에 따라 적합한 스탠드를 선택합니다.

기본 세팅 외에 추가적으로 이펙트 심벌을 세팅하는 경우에는 멀티 클램프를 사용하는 것이 효과적입니다. 이것은 심벌의 숫자에 맞춰 심벌 홀더의 수를 늘릴 수 있는 유용한 도구로 탐탐 스탠드 위에 심벌을 세팅할 수 있음은 물론, 카우벨 등의 퍼커션을 세팅할 때도 사용 가능합니다. 또 스탠드 개수를 줄일 수 있으므로 외관상 정돈된 세팅이 가능한데, 심벌 8장, 작은 크기의 스네어 드럼 2개, 탐탐 6개(지면에 플로어 탐탐 2개)로 구성된 저의 드럼 세트 역시 심벌 스탠드 5개+드럼 랙+멀티 클램프를 사용하고 있습니다.

편안한 풋 워크를 원한다면

풋 페달의 드라이브에 주목하라

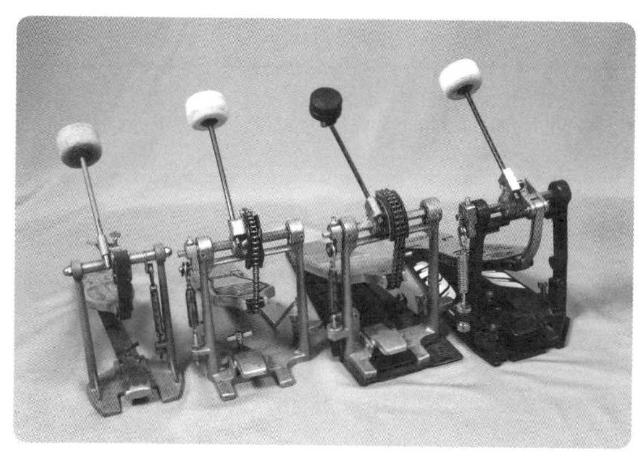

▲ 왼쪽부터 벨트, 싱글 체인, 더블 체인, 다이렉트 드라이브

풋 페달에 대한 취향은 드러머에 따라 천차만별인데 기계적으로 보았을 때 항장력(외부에서 당기는 힘에 견딜 수 있는 최대 힘)이 가장 뛰어난 것은 다이렉트 드라이브입니다. 그러나 스티브 갯이 힘의 전달이 가장 약한 것으로 알려져 있는 벨트 드라이브를 사용하고 있는 것으로 미루어보아 항장력이 뛰어나면 연주하기 편하다는 공식이 100% 옳다고는 할 수 없습니다. 레코딩과 라이브 세션으로 활약 중인 에구치 노부오 씨는 싱글 체인을 애용하는데 그의 연주를 보고 있으면 그가 왜 싱글 체인을 사용하는지 금방 알 수 있습니다. 그는 메탈 연주처럼 강한 연주가 아니라 치밀한 그루브에 입각한 연주를 선보이는데 그가 만약 더블 체인을 사용했다면 움직임이 둔해져서 섬세한 표현이 불가능했을 것입니다. 하지만 메탈음악을 연주하는 경우에는 매우 빠른 연타가 요구되기 때문에 더블 체인을 사용하는 것이 효과적입니다.

최근에 판매되고 있는 페달은 예전에 비해 품질이 매우 뛰어나며 일반적인 것부터 비터 각도를 독립적으로 조절할 수 있는 것까지 그 종류 역시 매우 다양합니다. 자신의 연주 스타일에 적합한 페달을 선택하고, 시간을 투자하여 연구하는 것은 드러머에게 반드시 필요한 과정입니다.

스네어 드럼을 구입하고 싶다면
↓
스네어 드럼에 관한 지식을 습득하라

▲ 왼쪽부터 우드 계열, 메탈 계열, FRP 재질의 스네어 드럼

　스네어 드럼은 드럼세트에서 박자를 표현하는데 있어 매우 중요한 악기입니다. 저는 녹음이 있을 때에는 우드 계열, 메탈 계열, FRP 재질의 스네어 드럼과 10, 12인치 스네어 드럼 등 음색이 다른 5종류의 스네어 드럼을 준비합니다. 이 정도의 준비면 프로듀서가 원하는 사운드를 충족시킬 수 있기 때문입니다. 물론 실제 사용하는 것은 하나지만 곡과 상황에 맞는 사운드를 올바로 선택할 수 있습니다.

　스네어 드럼의 스펙에 관해 살펴보면 후프는 강도가 강해서 단단한 사운드를 낼 수 있는 다이캐스트 제품과 적절한 강도를 가지고 있어서 모든 장르의 곡에 어울리는 사운드를 낼 수 있는 스틸 제품, 두드렸을 때 손의 느낌이 좋고 예상 외의 어택음을 얻을 수 있는 우드 제품이 있습니다. 텐션 러그의 수는 많을수록 헤드가 느슨해질 확률이 적어 분명한 음색을 얻을 수 있는데, 텐션 러그의 수가 8개 이하인 경우에도 반응이 약간 늦기는 하지만 쉘의 울림을 충분히 살릴 수 있습니다. 스네피는 와이어 노이즈가 적은 부분 접촉식과 롤을 비롯한 섬세한 연주를 할 때 와이어가 섬세하게 반응하는 전면 접촉식이 있습니다. 이상의 사항들을 충분히 고려하여 스네어를 선택한다면 자신에게 적합한 것을 선택할 수 있을 것입니다.

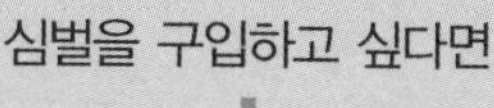

▲ 시트(Sheet) 심벌

▲ 캐스트(Cast) 심벌

심벌은 오랜 역사를 가지고 있는 악기입니다. 질지언 심벌만 살펴봐도 약400년의 역사를 자랑하고 있습니다. 그러나 재즈나 록 심벌의 역사는 미국의 남북전쟁 이후부터 시작되었고 오랜 시행착오 끝에 현재의 사운드를 갖추게 되었습니다.

질지언 심벌을 예로 살펴보면 심벌은 두 가지 종류로 나눌 수 있습니다. 시트 심벌은 같은 두께의 판(동 92%, 주석 8%)을 기계로 찍어낸 후 형태를 만들고 쉐이핑, 헤머링 등의 과정을 거쳐 완성됩니다. 최근에는 예전에 비해 품질이 훨씬 향상되었으며(동 88%, 주석 12%) 매우 저렴한 가격에 구입할 수 있습니다.

캐스트 심벌은 고급 심벌에 속하는데 동 80%, 주석 20%, 약간의 은을 녹여 형태를 만든 후 달구고 식히는 작업을 여러 번 반복해서 만든 단조품(금속을 두들기거나 눌러서 만든 제품)으로 각 제조사에는 창립 이래의 헤머링 패턴에 대한 모든 데이터가 보존되어 있습니다. 캐스트 심벌은 심벌 표면을 깎아서 가공한 것과 하지 않은 것으로 구분할 수 있으며 중간 형태에 속하는 하이브리드 타입은 저음을 적절하게 컷트하여 소리가 지나치게 울리지 않으므로 모든 장르에 사용할 수 있습니다.

드럼과 다이어트

최근 여성 드러머들이 늘어나면서 드럼을 연주하면 다이어트에 효과가 있는지, 드럼을 연주하는 것은 유산소 운동과 같은 효과가 있는지 궁금해 하는 분들이 많은데, 이것은 연주하는 스타일에 따라 다릅니다. 인간의 신체는 온 힘을 다해 몸을 움직이면 무산소 운동을 하는 것으로 인식하는데, 같은 수영을 해도 자유형을 할 때에는 유산소 운동이 되고 평영을 할 때에는 무산소 운동이 됩니다. 다이어트 중인 여성의 경우 유산소 운동을 통해 지방을 연소시키기 위해 수영을 하곤 하는데, 지나치게 몸을 많이 움직이면 별 효과를 보지 못합니다. 따라서 드럼 연주를 통해 다이어트 효과를 기대한다면 메탈과 같은 강한 음악은 피하고 팝 정도의 가벼운 음악을 연주하는 것이 바람직합니다.

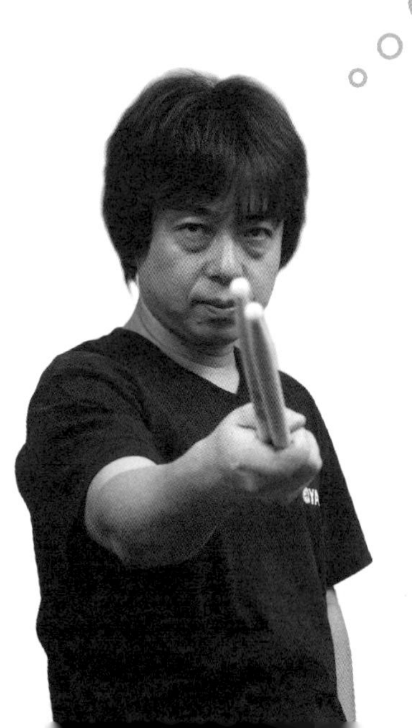

CHAPTER 5

자신감을 가질 수 있게 해 주는 팁

제5장에서는 대표적인 드럼 연습방법과 이것을 다양한 각도에서 공략하는 방법에 관해 살펴보겠습니다. 드럼은 음량이 커서 연습 장소에 제한이 있기 때문에 언제 어디서나 할 수 있는 연습방법을 모색할 필요가 있습니다. 브러시를 이용하여 밤에도 할 수 있는 연습, 속성으로 할 수 있는 페달 연습방법, 리바운드의 컨트롤, 고스트 노트를 이용하여 곡의 느낌을 살리는 방법, 필-인을 자연스럽게 할 수 있는 방법 등을 익혀두면 앞으로의 연습을 보다 효과적으로 할 수 있음은 물론, 한 단계 더 성숙한 드러머의 자질을 갖추게 될 것입니다.

스틱을 컨트롤하는 능력을 키우고 싶다면
↓
리바운드 기술을 터득하라

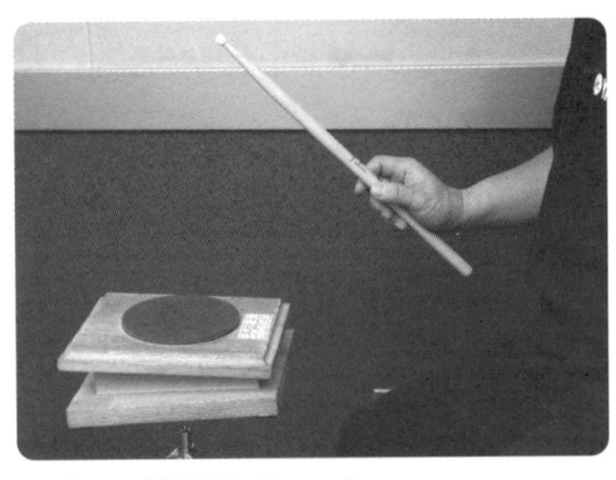

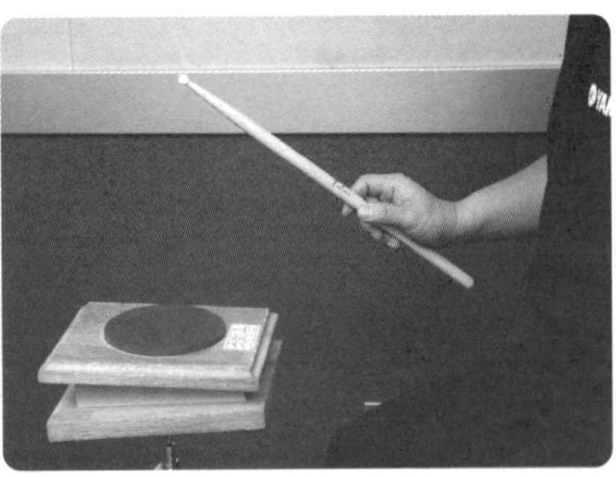

▲ 리스트 바운스(Wrist Bounce)

리바운드(스틱의 반동)를 컨트롤하는 것은 드러머가 반드시 갖추어야 할 조건 중의 하나이며 리바운드를 이용한 꾸준한 연습은 이를 가능하게 해 줄 것입니다. 느리게 연주하는 경우는 물론이고 빠르게 연주하는 경우에도 타면의 반발력으로 리바운드하는 스틱을 컨트롤 할 수 있느냐는 드럼 연주에 있어서 가장 기본적인 테크닉이라고 할 수 있습니다.

리바운드 테크닉을 터득하려면 반동이 적은 연습용 패드를 사용하는 것이 좋습니다. 사진은 리스트 바운스라는 테크닉으로, 저면 그립을 사용하여 하이 포지션에서 타면을 두드린 후 리바운드만으로 원래 위치(하이 포지션)로 되돌아오는 연습입니다. 이때 손바닥과 손목에 전해지는 충격을 파워 포인트라고 합니다. 이 연습은 오픈 핑거를 사용하지 않는 것이 가장 큰 특징입니다.

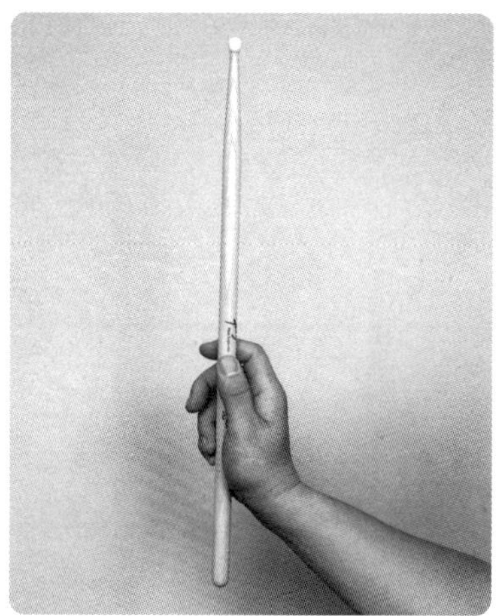

▲ 데드 스틱(오픈 포지션) 시의 스틱을 쥐는 법

▲ 데드 스틱(Dead Stick)의 연습 예

리스트 바운스는 비교적 쉽게 익힐 수 있는 테크닉에 속하는데, 이것을 익힌 후에는 이것보다 약간 어려운 데드 스틱이라는 테크닉을 익히도록 합시다. 이것은 새끼손가락과 약손가락으로 스틱을 잡고 가운뎃손가락은 스틱에서 1cm 정도 떨어지게 한 상태에서 엄지손가락과 검지를 가볍게 얹는 것인데, 손바닥에 닿은 스틱은 생명선과 평행을 이루도록 한 상태로 일직선이 되게 합니다(사진). 이와 같은 방법으로 스틱을 쥐면 처음에는 불편함을 느낄것입니다. 연습방법은 우선 하이 포지션에서 스틱으로 타면을 두드린 후 다시 하이 포지션으로 되돌아옵니다. 그리고 이 동작 중에 악센트를 넣어봅니다(악보). 데드 스틱 테크닉은 손목과 손가락강화에 매우 효과적인 연습으로 매일 연습할 필요는 없지만 적어도 일주일에 한 번 정도는 연습하는 것이 좋습니다. 이번에 소개한 두 가지 연습방법은 반동이 적은 패드를 사용하는 것이 효과적이라는 사실을 다시 한번 명심하기 바랍니다.

풋 워크를 잘 하고 싶다면
↓
베이스 드럼 연습패드를 적극 활용하라

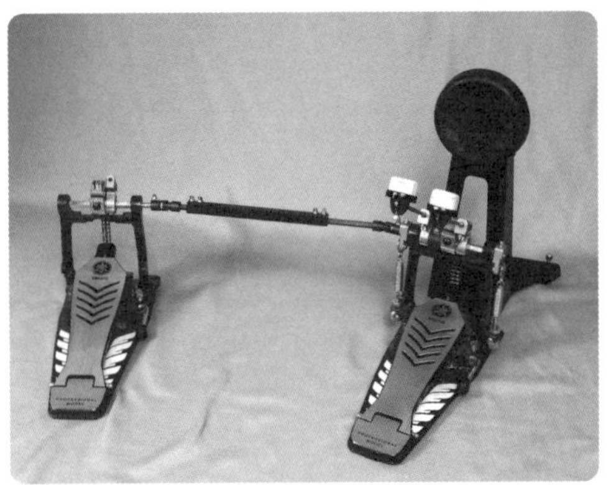
▲ 전자드럼의 킥 패드를 연습용으로 사용

필자가 직접 만든 무음 킥 패드 ▼

집에서 연습패드를 두드리면서 가볍게 발로 박자를 맞추었을 뿐인데도 아래층에서 불만을 호소하는 경우가 많습니다. 발은 손의 4배에 달하는 힘을 가지고 있다고 알려져 있으므로 이웃에 폐를 끼치지 않고 조용히 연습하기 위한 방법을 모색할 필요가 있습니다. 요즘에는 베이스 드럼 연습패드를 시중에서 쉽게 구할 수 있는데, 실제로 킥을 밟는 것과 느낌이 많이 다르다는 단점이 있습니다.

저는 아마추어 시절에 리버스 킥 타입(구부러진 비터를 반대방향으로 셋팅한 후 페달을 밟는 형태)의 킥 패드 2개를 휴대하고 다니면서(상당히 무거움) 공원에서 연습했습니다. 또 전자드럼의 킥 패드 중에서 트윈 페달을 장착할 수 있는 기종이 있으므로 패드만을 구입하여 사용하거나, 직접 무음 킥 패드(사진)를 만들어 보는 것도 좋은 방법입니다. 무음 킥 패드는 나무 판에 스폰지를 대서 만들면 되는데, 매우 유용하게 사용할 수 있으므로 만들어보기 바랍니다. 이와 같은 도구들을 사용해서 언제 어디서나 풋 워크를 연습할 수 있는 환경이 조성되었다고 하더라도 정기적으로 실제 드럼세트에서 풋 워크를 연습하는 것을 잊지 말도록 합시다.

드럼 연습을 조용히 하고 싶다면
⬇
브러시를 적극 활용하라

▲ 밤에는 브러시로 연습하자.

이번에는 브러시를 이용하여 밤에도 할 수 있는 연습방법을 소개하겠습니다. 평상시에 하고 있는 루디먼트를 브러시를 이용해서 연습하면 시간과 장소의 구애를 받지 않으며 스네어 드럼 없이도 책상 위에서 연습할 수 있습니다. 브러시를 이용한 연주는 스틱을 이용한 연주에 비해 반동이 없기 때문에 손목을 사용하는 테크닉을 더욱 필요로 해서 손가락과 손목을 컨트롤하는 능력이 향상됩니다.

브러시는 스타카토를 연주할 때 그립 부분을 타면 직전에서 멈춰 와이어만으로 타면을 두드리는데 이것은 스틱으로 연주하는 것과 가장 크게 다른 브러시만의 특징적인 연주법입니다. 이 테크닉은 브러시 끝부분으로 연주하기 때문에 칩이라고 부르고 이와 반대로 그립과 와이어로 타면을 바로 두드리는 테크닉을 미트라고 합니다. 칩은 정확하고 시원시원한 리듬을 표현하는데 적합하고, 미트는 강한 악센트를 표현할 때 효과적으로 사용할 수 있습니다. 브러시를 연습할 때에는 우선 악센트를 바꾸는 연습(다음 페이지 참조)부터 시작해서 롤과 꾸밈음이 포함된 루디먼트를 연습하도록 합니다. 브러시를 이용하면 매우 조용한 연주를 할 수 있으므로 합주 중 휴식시간을 활용하여 개인연습을 할 수도 있습니다.

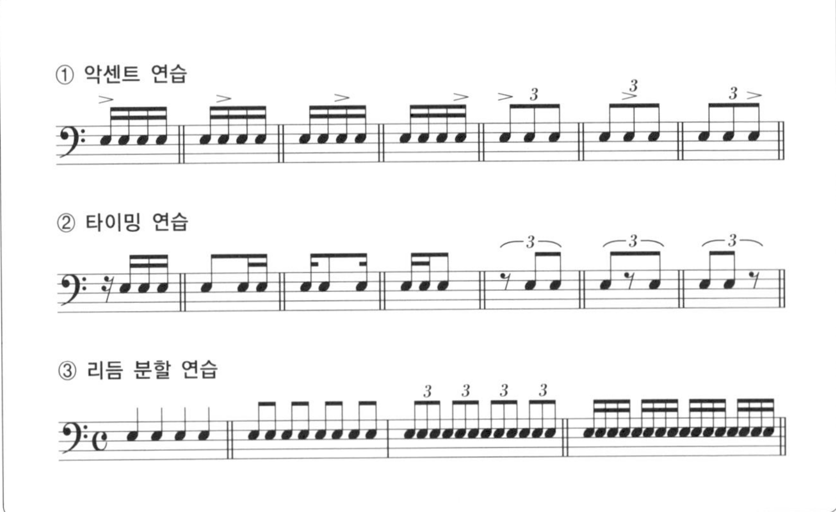

▲ 세 가지 기본 연습과제

드러머들이 연습하는 과제의 수는 그야말로 방대합니다. 그 중에서 모든 드러머들이 실력향상을 위해 하고 있는 기본 연습과제들을 세 가지 종류로 분류해 보았습니다.

① 악센트 연습 : 이 연습과제는 악센트를 첫 박에서 두 번째, 세 번째, 네 번째 박으로 이동시키는 연습으로 주로 16분음표로 연습하지만 이 외에도 3연음, 5연음, 6연음, 7연음 등으로도 연습합니다.

② 타이밍 연습 : 이것은 쉼표를 다양한 위치로 이동시키는 연습으로 자연스럽게 리듬을 타면 쉽게 터득할 수 있습니다. 느린 템포에서 쉼표를 고스트 모션(Ghost Motion)으로 연주하면 보다 정확한 박자로 연주할 수 있습니다.

③ 리듬 분할 연습 : 이것은 체인지 업(Change Up), 체인지 다운(Change Down)이라고 불리는 연습방법으로 초급 단계에서는 4분음표 → 8분음표 → 3연음 → 16분음표의 순서로 연습하는 경우가 많지만, 상급 단계에서는 5연음과 7연음 등 홀수 박까지 포함해서 연습하는 경우가 많습니다.

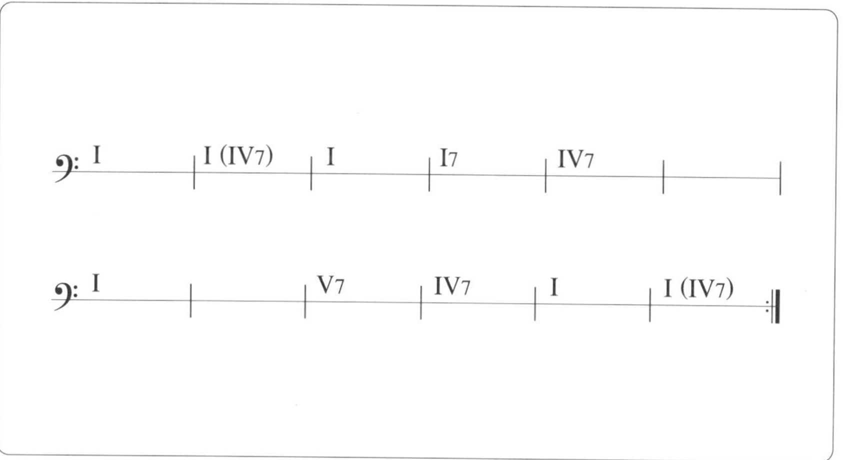

▲ 기본적인 블루스 진행

블루스 진행은 뮤지션이라면 누구나 알고 있는 12마디의 코드진행을 의미합니다. 블루스는 처음 보는 연주자들과 잼 세션을 할 때 가장 많이 연주하는데 시카고 셔플, 발라드, 재즈, 로큰롤 등 다양한 장르와 리듬으로 연주할 수 있으며 빅 밴드에서도 솔로 코드진행으로 블루스 진행을 사용하는 경우가 많습니다.

블루스의 코드진행을 익혀두면 다양한 뮤지션들과 잼 세션을 하는 것이 가능한데, 모르는 연주자들이 모여 처음으로 합주를 할 때도 우선 블루스 잼부터 시작하는 경우가 많으므로 반드시 익혀둡니다. 저의 고향에서는 블루스 장르를 추구하는 뮤지션들이 특히 많기 때문에 오사카 일대의 클럽에서 가장 흔하게 들을 수 있는 장르입니다. 제가 중국 여행 중에 중국인 뮤지션들과 처음으로 함께 연주한 곡도 블루스였는데, 언어가 통하지 않는 뮤지션들이 블루스라는 음악에 의해 의사소통을 하는 짜릿한 경험을 할 수 있었습니다. 블루스의 역사에 관해서는 지면 관계상 생략하지만 수많은 장르의 뿌리라고 할 수 있는 블루스는 그야말로 세계 모든 뮤지션들의 만국 공통어라고 할 수 있습니다.

보다 다양한 느낌의 연주를 원한다면
↓
카피한 것을 기록해 두는 습관을 기르자

▲ 저자의 카피노트

연주하는 곡에 어울리는 리듬패턴이나 필-인에 대한 아이디어가 필요할 때 리듬을 다양하게 변형하는 능력이 필요하다고 절실하게 느낀 적이 있을겁니다. 또, 다른 멤버들로부터 "이런 느낌으로 연주해주면 좋겠는데…" 라는 주문을 받았을 때 "이런 패턴은 어때?" 라고 하며 몇 가지 패턴을 보여줄 수 있을 정도의 실력이 필요하다는 것을 깨닫는 경우도 생깁니다.

이런 경우를 대비하여 카피한 프레이즈들을 모으는 방법에 관해 설명하겠습니다. 이것은 제가 아마추어 시절에 사용하던 방법으로 우선 오선노트를 10권 정도 구입한 후 여러 유명 연주자들이 자주 사용하는 리듬패턴과 필-인, 드럼 솔로 등을 카피합니다. 이때 가장 중요한 것은 바로 악보로 만드는 작업입니다. 카피한 것들을 한동안 연습하지 않고 있다가 다시 연주하려고 하면 생각나지 않는 경우가 많으므로 악보로 만들어 보관하는 것이 좋은데, 제 경우에는 10년 전의 카피노트를 꺼내 복습하는 경우도 자주 있습니다. 제가 여러분에 비해 기억력이 조금 떨어지는 것일 수도 있겠지만 만약의 경우를 대비해 카피한 것을 기록해 두는 습관을 들이도록 합시다.

047_독보력을 키우자

독보력을 향상시키고 싶다면

⬇

음표의 진행을 시각적으로 파악하는 습관을 갖자

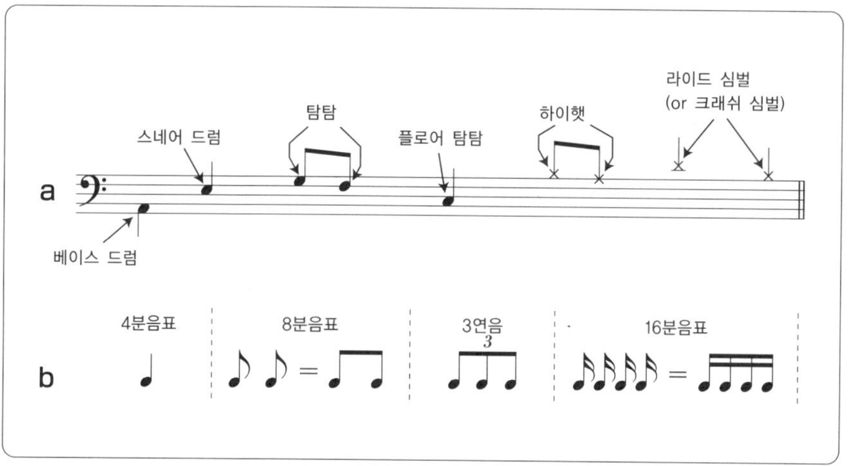

▲ 악보 읽는 방법을 반드시 익히자.

드럼을 시작한지 몇 년이 지났는데도 불구하고 악보를 볼 줄 모르는 연주자들이 의외로 많습니다. 악보를 읽지 못하는 가장 큰 원인은 악보는 어려운 것이라는 선입견 때문인 경우가 가장 많으므로 이 선입견만 버린다면 악보 읽는 법을 쉽게 터득할 수 있습니다. 악보를 읽다보면 8비트와 같은 리듬패턴이 도형화 된 상태로 악보에 기록되어 있다는 것을 깨닫게 될 것입니다. 악보 읽는 법을 익힐 때 가장 먼저 파악해야 하는 것은 바로 기보법으로 이것은 드럼세트를 구성하고 있는 각 부분들을 어떤 음표로 표기하느냐를 의미합니다(악보 a). 이것이 어느 정도 파악된 후에는 4분음표, 8분음표, 3연음, 16분음표 등이 일정한 간격과 그룹을 이루고 있다는 사실을 파악하도록 합니다(악보 b). 또 *f*, *p*, *cresc.*, *D.C.* 등과 같은 기본적인 악전을 익혀두는 것도 좋은데, 곡 중에서 주로 사용되는 악상기호는 대개 정해져 있기 때문에 한 번 익혀두면 연주할 때 많은 도움이 됩니다. 연습하다가 틈틈이 악전공부를 병행하는 습관을 갖도록 합시다. 프로 연주자들이 초견에 강한 이유는 실전에서 수많은 악보들을 대하면서 곡의 일정한 흐름을 파악할 수 있게 되었기 때문입니다.

재즈나 마칭을 제대로 연주하고 싶다면
⬇
트레디셔널 그립을 마스터하자

◀ ① 그립 오프

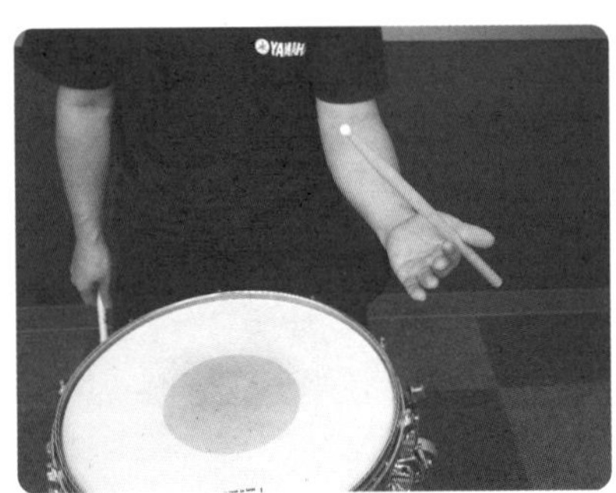

▲ ② 피킹 비트

③ 그립 온 ▶

일본에서는 왼손의 기본 그립을 레귤러 그립이라고 부르지만 미국에서는 트레디셔널 그립이라고 합니다. 즉, 이 그립이야말로 전통적인 그립이라고 할 수 있습니다. 예전에 스트랩을 메고 스네어 드럼을 연주하던 시대에는 스네어 드럼의 오른쪽보다 왼쪽을 높게 맨 상태가 되기 때문에 왼손을 메치드 그립으로 연주하는 것이 어려웠습니다. 그래서 탄생한 것이 바로 이 트레디셔널 그립입니다. 얼핏 보기에는 약간 어려워 보이지만 이와 같은 그립 방법을 사용하고 있는 각 나라의 민속악기가 의외로 많다는 사실은 이것이 그만큼 효과적인 방법이라는 것을 의미합니다. 특히 재즈나 마칭을 제대로 연주하고 싶다면 반드시 트레디셔널 그립을 마스터해야 합니다.

우선 손가락을 걸치지 않는 그립 오프상태로 스틱을 잡습니다. 이때 손가락을 안쪽으로 살짝 구부려서 손바닥이 완전히 펴지지 않도록 하는데, 가운뎃손가락 끝이 팔뚝 라인과 일직선이 되도록 합니다(사진 ①).

이 상태로 손목을 돌려 타면을 두드려봅시다(사진 ②). 이것을 피킹 비트라고 하는데, 중지와 팔뚝 라인이 일직선 되는 자세를 유지한 상태에서 반원 형태의 궤도를 일정하게 유지하며 연주합니다. 손목이 아프다거나 연습중 건초염이 생겼다면 이 궤도가 일정하지 않기 때문이므로 자신이 올바르게 연주하고 있는지 체크해 보는 것이 좋습니다.

마지막으로 스틱에 손가락을 걸치는 그립 온자세를 취하면(사진 ③) 트레디셔널 그립이 완성되는데, 빠른 연주를 할 때는 약손가락의 제1관절 위에 스틱이 오도록 하지만 보통은 제2관절과 제1관절 사이에 스틱이 오도록 합니다. 이때 엄지손가락이 구부러지지 않도록 주의하되 클래식의 경우에는 엄지손가락을 구부리기도 하므로 참고하기 바랍니다.

> 필-인 시 곡의 흐름이 끊긴다면
> ⬇
> **풋 워크를 통해 그루브를 유지하자**

풋 워크에서 가장 어려운 부분은 바로 고스트 모션(Ghost Motion)입니다. 이것은 고스트 노트(Ghost Note)와는 다른 것으로 동작만으로 리듬을 유지할 수 있게 해 주는 중요한 역할을 합니다.

왼쪽 다리로 하이햇을 연주하지 않는 모든 경우에는 발꿈치를 살짝 들었다 놓는 움직임을 하다가 필-인 시 4분음표나 8분음표를 가볍게 연주하여 상반신만을 이용한 연주가 되지 않도록 리듬을 보강합니다. 이때 모든 팔과 다리가 균형 있게 각자의 기능에 충실할 수 있도록 합니다. 그루브가 없는 연주를 하는 드러머들을 관찰하면 연주 시 왼발이 전혀 움직이지 않는 것을 알 수 있는데, 유명 연주자들은 8분음표의 업 비트에서 왼발 앞꿈치를 살짝 움직이는 동작을 취하는 경우가 많으므로 참고하도록 합시다. 오른발 역시 연주하지 않는 경우에도 뒤꿈치를 움직이며 일정한 동작을 취하는 것이 좋은데, 발의 위치가 흔들리지 않는 범위 안에서 업 비트의 리듬을 타도록 합니다.

발은 그저 몸을 지탱해주는 도구가 아닙니다. 좋은 연주자는 곡의 흐름이 끊기지 않도록 하는 연주자라는 것을 기억하며 고스트 모션을 자신의 것으로 만들도록 합시다.

> 다이내믹 표현이 풍부한 드러머가 되고 싶다면
> ⬇
> ## 자신있게 연주에 임하라

연주를 할 때에는 자신의 소리를 공연장이나 합주실 구석까지 전달한다는 생각을 가져야 합니다. 제 경우에는 '오늘은 크래쉬 심벌을 날려버려야지.' 라는 마음으로 연주에 임하곤 합니다. 예전에 함께 연주하던 어느 유명 트럼펫 연주자 역시 저와 비슷한 말을 했는데, 그는 공연장 구석으로 빔을 쏘듯이 음을 발사한다는 표현을 사용했습니다. 국내에서 개최되는 드럼 클리닉에서는 강사가 "연주해 볼 사람, 손들어 보세요!"라고 하면 고개를 떨구고 강사와 눈을 마주치지 않으려고 하는 경우가 대부분인데 반해 외국에서는 대부분의 참가자들이 손을 듭니다.

만약 여러분이 연주하는 것에 대해 소극적이라면 큰 맘 먹고 자신있게 연주에 임할 것을 권합니다. 소극적인 자세로는 청중을 압도하는 연주를 절대 할 수 없습니다. 저는 실수할 땐 하더라도 크고 자신있게 연주하자라는 좌우명을 가지고 있습니다. 큰 소리로 실수하는 것은 실제 연주에서 절대 있어서는 안될 일이지만, 소극적인 연주를 하는 것 보다는 훨씬 낫다고 생각합니다.

시연할 때에는
악기점의 규모와 울림을 고려하자

싸다는 이유로 실제 악기를 보지 않고 제품명만으로 악기를 구입하면 가끔씩
불량품일 경우가 있습니다. 심벌과 쉘은 두께와 크기가 제각각인데, 특히
쉘은 소리가 좋지 않은 것이 있을 수 있으므로 주의해야 합니다.
악기점에서 시연을 할 때에는 악기점의 규모와 울림을 고려한
상태에서 드럼의 울림을 체크합니다. 울림이 심한 방에서는
올바른 소리를 판단하기 어려우므로 이점 역시
주의합니다.

CHAPTER 6

좋은 음색으로 연주할 수 있게 해 주는 팁

좋은 음색으로 연주하는 것은 모든 드러머들의 평생과제입니다. 좋은 음색은 비싼 악기를 구입한다고 얻을 수 있는 것이 아니라 공연장의 규모에 적합한 튜닝, 뮤트, 엔지니어와의 원활한 의사소통 등 다양한 요소들에 의해 얻을 수 있습니다. 제6장에서는 좋은 음색을 얻을 수 있는 연주방법과 공연장에서 사운드 체크 시 주의점 등을 살펴보겠습니다. 좋은 음색으로 연주하는 가장 중요한 비결은 자신의 소리를 잘 들으며 연주하는 것입니다. 최근에는 음향기술의 발달로 실제 소리보다 훨씬 더 좋은 음색을 표현할 수 있게 되었지만, 이것은 드러머가 실제로 연주하는 음색이 좋을 때 더욱 효과를 발휘한다는 사실을 명심해야 합니다.

장소에 구애받지 않고 항상 좋은 음색으로 연주하고 싶다면
⬇
공연장의 규모에 따라 튜닝을 바꾸자

▲ 튜닝은 공연장의 크기에 맞추어 하는 것이 좋다.

저는 지금까지 음향시설이 완벽하게 갖추어진 공연장은 물론 야외 공연장, 체육관, 클럽 등 다양한 곳에서 연주를 해보았습니다. 장소에 구애받지 않고 좋은 음색으로 연주할 수 있게 해 주는 것은 PA의 역량이라고도 할 수 있지만 드러머 역시 좋은 음색으로 연주하기 위해 노력해야 합니다. 연주하는 음 자체가 좋지 않다면 음향기술이 아무리 뛰어나도 좋은 사운드를 만들 수 없다는 것을 명심해야 합니다.

최근 판매되고 있는 드럼세트는 서스테인(지속음)이 긴 모델들이 많습니다. 탐탐의 경우 소리가 울리는 부분을 의식하여 브라켓(홀더를 연결하는 부분)의 접지면을 작게 만드는 방법을 사용하기도 합니다. 이것은 결국 악기를 연주할 때 연주자가 듣기에 좋은 음색을 만들기 위해 고안된 것이라고 할 수 있습니다. 특히 규모가 작은 클럽에서 연주하는 경우에는 음향장비를 사용하지 않는 경우가 많기 때문에 악기 자체의 소리가 얼마나 좋으냐가 음색을 결정짓는 가장 중요한 요소라고 할 수 있습니다. 이때는 서스테인을 최소한으로 줄인 상태에서 연주하는 것이 좋습니다.

드러머는 공연장의 규모에 따라 튜닝과 뮤트를 해야 하는데, 플로어 탐탐의 울림이 너무 심한 경우에는 뮤트하는 것 보다는 튜닝을 통해 피치를 바꾸는 것이 더욱 효과적입니다.

저음과 서스테인을 컨트롤하고 싶다면

⬇

뮤트를 정복하라

▲ 동전을 사용한 뮤트

▲ 뮤트 링을 사용한 뮤트

▲ 테이프를 사용한 뮤트

예전에는 레코딩이나 공연 시 드럼 자체의 울림을 최대한 짧게 하고 PA에서 리버브를 보강하는 방법을 사용하였기 때문에 현재에 비해 드럼을 뮤트(Mute)하는 일이 훨씬 많았습니다. 당시에 뮤트는 헤드에 테이프로 휴지를 붙여 사용했습니다.

사이먼 필립스(Simon Phillips)가 처음 일본에서 공연했을 때 스네어 드럼 위에 동전을 붙여서 뮤트하는 방법을 사용했는데 이 방법은 뮤트에 매우 효과적입니다. 그 후 다시 일본에서 공연을 했을 때에는 링을 이용한 뮤트를 사용했는데, 사용한 지 오래된 스네어 드럼의 헤드를 원형 띠 모양으로 자른 후 뒤집어서 스네어 드럼 위에 올려놓고 연주했습니다. 요즘에는 드럼세트를 구입하면 뮤트 링이 구성품 중에 포함되어 있는데, 이것은 아마도 사이먼의 아이디어에서 힌트를 얻어 개발된 것으로 추측됩니다. 그다음 일본공연에서 그는 테이프를 뒤집어서 둥글게 만 것을 스네어 드럼에 붙이고 연주했는데 이때부터 뮤트를 최소화한 상태에서 드럼세트의 자연스러운 서스테인을 살리는 시대가 시작됐다고 할 수 있습니다.

테이프를 이용하여 뮤트를 할 때에는 손가락으로 헤드를 가볍게 뮤트한 상태에서 스네어 드럼을 두드려보고 적당한 위치를 찾아서 테이프를 붙이면 원하는 만큼의 뮤트 효과를 얻을 수 있습니다.

와이어 노이즈를 없애고 싶다면
↓
탐탐이나 스네어 드럼의 피치를 바꿔라

10인치 스몰 탐탐을 연주할 때 스네어 드럼에서 잡음이 나는 경우가 있습니다. 이것을 와이어 노이즈(Wire Noise)라고 하는데 공연장의 규모나 스네어 드럼과 벽의 거리에 따라 생기는 현상입니다. 와이어 노이즈를 없애기 위해서는 노이즈가 발생하지 않는 지점까지 탐탐이나 스네어 드럼의 피치(Pitch)를 바꾸는 것이 좋습니다. 그러나 와이어 노이즈를 완벽히 없애는 것은 매우 어려워서 노이즈를 없애는데 성공했다 하더라도 탐탐이나 스네어 드럼의 피치가 지나치게 낮거나 높아서 마음에 드는 음색으로 연주를 못하는 경우가 많습니다.

제 경우에는 이와 같은 문제를 해결하기 위해 스네어 드럼 자체를 다른 것으로 바꾸는 방법을 사용하고 있습니다. 이것이 무슨 팁이냐고 할 수도 있겠지만 어떻게 보면 이 방법이 가장 손쉽고도 빠른 해결책이라고 할 수 있습니다. 경우에 따라서는 거의 같은 크기와 피치를 가진 다른 스네어 드럼으로 바꿨을 뿐인데 와이어 노이즈가 말끔하게 없어지는 경우가 있습니다. 이것은 같은 크기의 스네어 드럼이라도 재질에 따라 미묘한 차이가 있기 때문입니다. 그러나 여분의 스네어 드럼을 가지고 있지 않은 경우에는 이와 같은 해결책은 사용할 수 없습니다.

항상 최상의 사운드로 연주하고 싶다면
⬇
정기적으로 자신의 악기를 점검하는 습관을 갖자

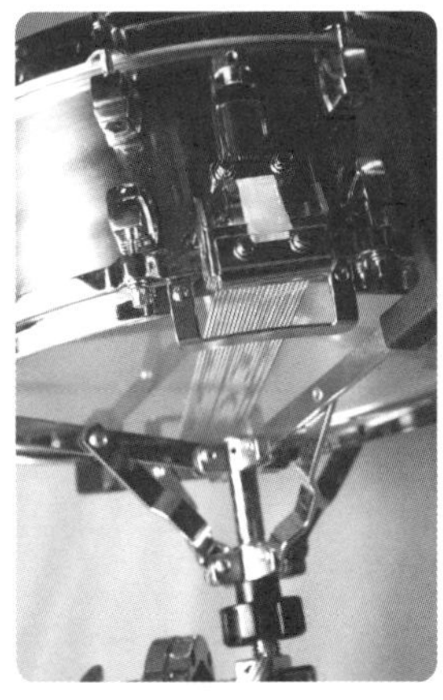

▲ 스네어 드럼의 사이드 헤드와 스네피가 낡지는 않았는가?

▲ 풋 페달의 스프링은 잘 조여져 있는가?

▲ 심벌의 펠트는 닳지 않았는가?

스네어 드럼을 구입했을 당시에는 소리가 좋았는데 1년 반 정도 사용하고 나니 예전같은 소리가 나지 않는다는 이야기를 자주 듣습니다. 이것의 주된 원인은 스네어 드럼의 사이드 헤드(뒷면의 헤드)와 스네피가 낡았기 때문입니다. 스네어 드럼뿐만 아니라 탐탐 뒷면의 헤드 역시 오래되면 낡기 때문에 외관 상 전혀 문제가 없다 하더라도 주기적으로 점검, 교체해 주는 습관을 갖는것이 좋습니다.

스네어 드럼과 탐탐 외의 다른 부분들도 장기적으로 사용하면 악기를 처음 구입했을 때의 상태와 달라지므로 주의가 필요합니다. 풋 페달의 경우 스프링의 장력이 약해지므로 교환해 주어야 하고, 하이햇 스탠드의 스프링 역시 지탱해 주는 힘이 약해져서 반응이 안 좋아지기 때문에 나사를 조여주거나 새 것으로 교체해야 합니다. 이 외에도 심벌의 펠트와 탐탐 홀더의 볼 부분도 정기적으로 점검하는 것이 좋습니다. 이와 같이 자신의 악기를 주기적으로 점검하는 습관을 가지면 항상 최상의 사운드를 유지한 상태에서 연주하는 것이 가능해질 것입니다.

원하는 음색의 스네어 드럼으로 연주하고 싶다면
⬇
헤드의 종류를 바꿔 보자

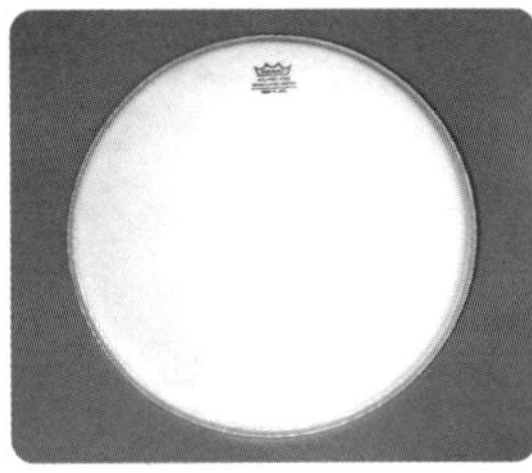

▲ 엠버서더 코티드
(Ambassador Coated)

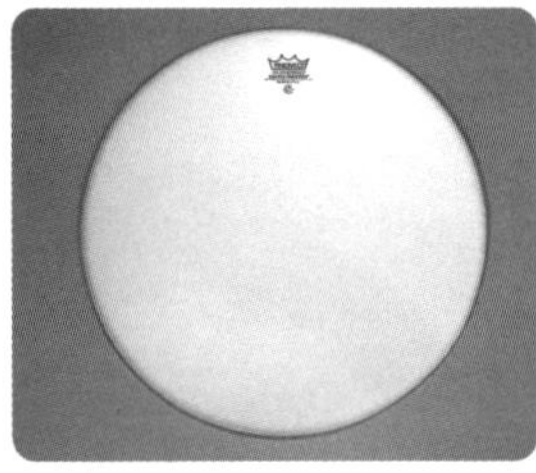

▲ 엠페러 코티드
(Emperor Coated)

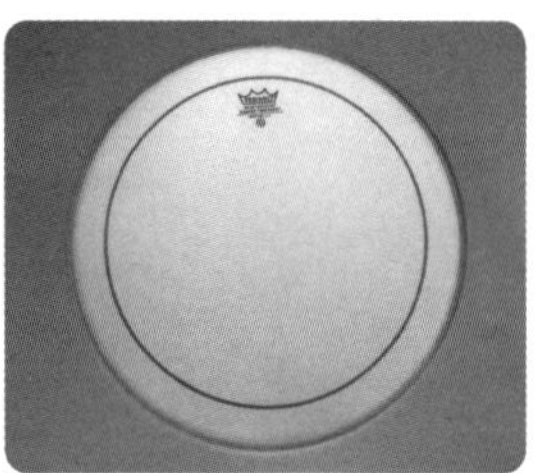

▲ 핀스트라이프 코티드
(Pinstripe Coated)

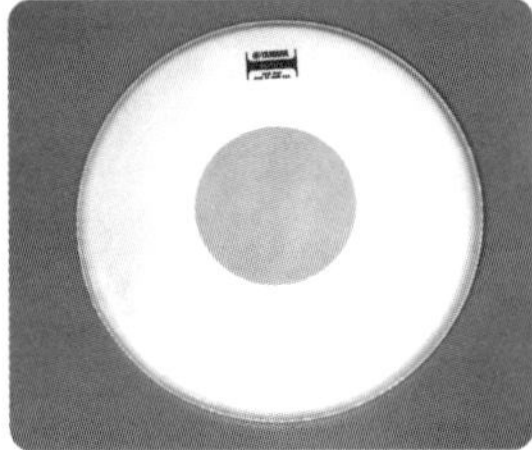

▲ CS 코티드
(Controlled Sound Coated)

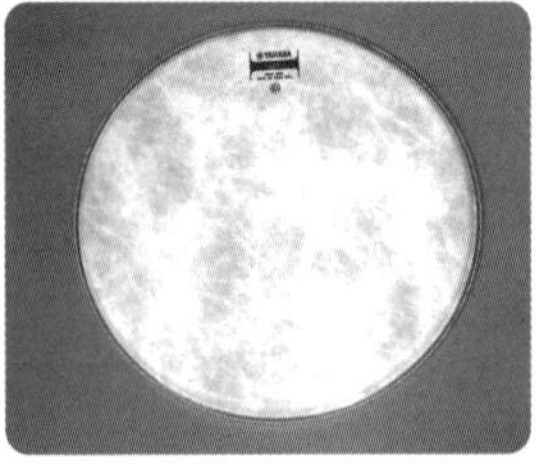

▲ 화이버 스킨
(Fiber Skyn)

　　스네어 드럼을 원하는 음색으로 연주하고 싶다면 현재 사용 중인 헤드의 종류를 바꿔 봅니다. 처음 스네어 드럼을 구입할 때에는 엠버서더 코티드라는 가장 일반적인 두께의 헤드로 되어 있는데 사운드가 마음에 든다면 그대로 사용해도 상관없습니다. 그러나 저음을 원하는 경우에는 약간 두꺼운 헤드인 엠페러 코티드로 교체해 봅시다. 이것의 음색이 둔탁하다고 느껴지는 경우에는 헤드 두 장을 겹친 형태의 핀스트라이프 코티드를 사용하면 어택이 강하고 두터운 음색을 얻을 수 있습니다. 이 외에도 다양한 헤드를 목적에 맞게 선택할 수 있는데, **CS** 코티드는 저음임에도 불구하고 정돈된 느낌의 음색을 얻을 수 있고, 파워 스트로크(Power Stroke)는 록 음악을 연주하기에 적합한데 팁의 어택음이 화려하고 음의 윤곽이 분명하다는 장점 때문에 많은 이들로부터 사랑받고 있습니다. 고음을 원하는 경우에는 디플로맷(**Diplomat**)과 같이 얇은 헤드를 사용하는 것이 좋은데, 최근에는 사이드 헤드도 판매하고 있으므로 참고하기 바랍니다. 이보다 더 고음을 원하는 경우에는 스네어 쉘 자체가 얇은 피콜로 스네어를 사용해 보기 바랍니다.

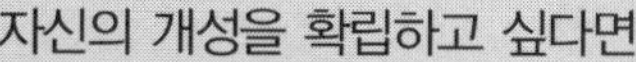

▲ 저자의 드럼세트

드러머는 자신이 주로 연주하는 장르에 따라 드럼세트를 선택합니다. 재즈 드러머의 경우에는 인치가 작은 4기통 세트와 코티드 계통의 헤드를 사용하는 것이 가장 일반적입니다.

드럼 연주를 통해 자신의 개성을 맘껏 표현하고 싶다면 드럼세트를 신중하게 선택해야 합니다. 드럼은 클래식에서 사용하는 타악기와는 달리 자유롭게 세트를 선택하여 자신이 원하는 음색으로 연주하는 것이 가능합니다. 제 경우에는 베이스 드럼 2개, 스네어 드럼 2개, 탐탐 4개, 심벌 3장을 기본으로 사용하고, 퍼커션으로 음악에 색채를 더하는데 20대 후반에 이 세트를 구축한 이후 현재까지 계속 사용하고 있습니다. 연주만 듣고도 누가 연주하는지 청중들이 바로 알 수 있게 하고 싶다면 자신에게 가장 적합한 드럼세트를 구축하는 것에 시간을 투자합시다.

큰 소리로 연주하고 싶다면

⬇

힘을 빼라

 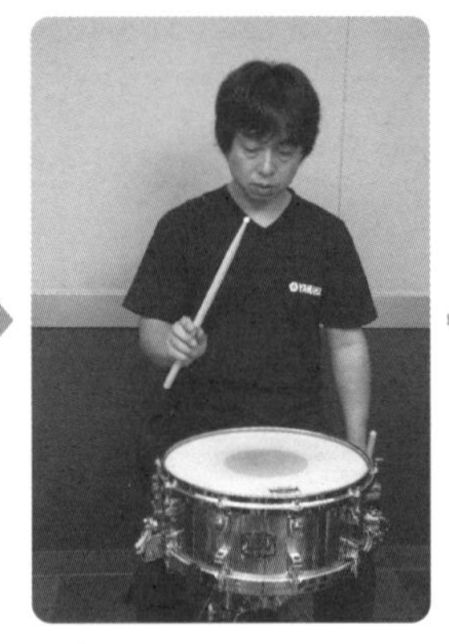 

▲ 백 핸드 모션에 의한 휩 모션(Whip Motion)

드럼을 지나치게 세게 두드리면 두드리는 행위 자체가 뮤트하는 작용을 하기 때문에 서스테인이 짧아지고 통에 음이 전달되기 전에 헤드의 진동이 멈추므로 풍부한 울림을 얻을 수 없습니다. PA의 입장에서도 이와 같은 음색은 컨트롤하기 까다로울 것입니다.

따라서 드럼을 연주할 때에는 항상 힘을 빼야 합니다. 힘을 뺀 상태로 드럼 앞에 앉아서 채찍을 내려치듯이 스틱으로 드럼을 두드려 봅시다. 이것을 휩 모션(Whip Motion)이라고 하는데, 이것은 Tip 022에서 소개했던 사이드 모션(Side Motion)을 기본으로 한 것입니다. 휩 모션의 동작을 살펴보면 겨드랑이를 벌려 옆쪽으로 테이크 백 한 후 새끼손가락과 약손가락으로 스틱을 잡은 상태에서 드럼을 두드리는데, 그 순간 겨드랑이 사이를 좁힙니다. 겨드랑이를 좁힌 상태에서는 채찍을 내려칠 수가 없으므로 드럼을 두드리는 순간 이 동작으로 모션을 마무리하는 것입니다. 사진은 백핸드 모션에 의한 휩 모션인데, 자신의 뒤쪽에 있는 벽을 향해 팔꿈치를 당긴 후 테이크 백부터 드럼을 치는 순간까지의 동작을 자연스럽게 연결합니다.

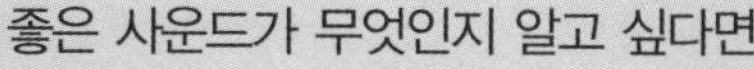

좋은 사운드가 무엇인지 알고 싶다면
↓
나쁜 사운드가 어떤 것인지를 먼저 파악하라

비디오 가게를 하는 친구의 말에 의하면 좋은 영화가 어떤 것인지 알고 싶다면 나쁜 영화를 봐야 한다고 합니다. 이것은 음악에서도 마찬가지입니다.

음반을 구입할 때 앨범 자켓만 보고 구입했다가 실패한 경험이 있을 것입니다. 특히 남미의 오리지널 라틴 앨범을 잘못 구입하여 낭패를 본 경험은 잊을 수가 없습니다. 그러나 이런 경험들이 있기 때문에 좋은 앨범을 구입했을 때의 기쁨은 2배가 됩니다. 또 처음에는 별로라고 생각했던 곡을 반복해서 듣다보면 작곡가와 연주자의 음악적 의도를 깨닫는 경우도 생깁니다.

이것은 음악 감상뿐만 아니라 연주할 때에도 마찬가지입니다. 어느 연주자에 대해 호감을 갖고 있었는데 우연히 함께 연주할 기회가 생겼다고 가정해 봅시다. 이 경우 실제로 함께 연주를 해 보면 생각보다 호흡이 맞지 않는 경우가 종종 있습니다. 반대로 자신의 음악 스타일과 별로 맞지 않을 것이라고 생각했던 연주자와 의외로 호흡이 잘 맞는 경우도 있습니다. 함께 연주해 보지 않으면 상대방의 진가를 알 수 없는 것이 바로 음악의 세계입니다. 뮤지션은 수많은 음악적 경험을 통해 다른 연주자들과 음악적인 교감을 나누기도 하고, 때로는 호흡이 맞지 않아 고민에 빠지는 과정을 거치면서 성숙해지는 것입니다.

드럼을 녹음할 때에는

환경에 맞는 마이크의 개수와 위치를 먼저 파악하라

▲ 적은 숫자의 마이크를 이용하여 녹음하는 경우

▲ 드럼의 각 부분에 마이크를 모두 설치한 상태에서 녹음하는 경우

저의 오랜 친구인 오가와 분메이의 솔로 앨범을 녹음할 때의 일이었습니다. 투 베이스로 이루어진 세트는 녹음실에서, 소규모 세트의 녹음은 분메이의 홈 스튜디오 안 피아노 부스에서 녹음하게 되었습니다. 녹음실은 늘 드럼 녹음을 해왔기 때문에 마이크의 개수와 위치가 파악된 상태였지만, 피아노 부스에서는 마이크 세팅을 어떻게 해야 할지에 대한 의견이 분분했습니다. 결국 오프마이크(악기에서 먼 거리에 마이크를 세팅하는 것)로 마이크를 2개 설치했는데, 부스가 작은 덕택에 드럼세트 전체의 밸런스가 좋아지는 것은 물론이고 파워풀한 녹음이 가능해졌습니다. 최근에는 하드 디스크 레코더의 성능이 눈부시게 발전했기 때문에 하드 디스크 레코더로도 스튜디오에 전혀 손색 없는 수준의 녹음이 가능해졌습니다. 녹음할 때에는 무조건 마이크의 개수를 늘리지 말고 녹음 환경에 알맞은 마이크의 개수와 위치를 먼저 파악해야 합니다.

이것은 어디까지나 레코딩의 경우에만 해당되는 얘기로 공연장에서는 마이크를 2개만 설치하면 드럼소리를 제대로 잡을 수 없습니다. 또 공연장의 규모가 큰 경우에는 온마이크(악기에서 가까운 거리에 마이크를 세팅하는 것)로 여러 개의 마이크를 설치하는 것이 좋습니다.

060_사운드 체크의 달인이 되자

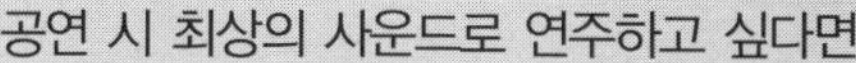

공연 시 최상의 사운드로 연주하고 싶다면
⬇
사운드 체크의 달인이 되자

공연장, 클럽, 녹음실 등 연주장소를 막론하고 연주하기에 앞서 늘 행하는 것이 있습니다. 그것은 바로 사운드 체킹입니다. 이것은 라이브나 스튜디오 엔지니어와 드러머가 소리를 테스트 하기 위해 행하는 공동작업입니다. 사운드 체크를 할 때 드러머는 각 악기들을 천천히 연주해야 합니다. 베이스 드럼의 경우에도 먼저 단음으로 사운드 체크를 하고 연타를 체크 할 때에는 곡에 사용하는 음량으로 연주합니다. 사운드 체킹의 순서는 보통 베이스 드럼➜스네어 드럼➜탐탐➜플로어 탐탐➜심벌 순으로 진행하고 마지막으로 세트 전체의 밸런스를 체크합니다.

세트 전체의 밸런스를 체크할 때에는 연주하는 음악의 장르에 따라 세심하게 체크해야 합니다. 특히 클럽에서 록을 연주하는 경우에는 음량이 매우 크므로 노이즈 게이트(노이즈를 줄이기 위해 특정 주파수까지는 소리가 나지 않게 설정해주는 이펙터)를 거는 경우가 많습니다. 이와 같은 설정은 록을 연주하기에는 좋지만, 컨템퍼러리 재즈나 퓨전 계열의 음악을 연주하는 경우에는 고스트 노트나 섬세한 꾸밈음들이 드러나지 않으므로 피해야 합니다. 만약 사운드 체킹 시 노이즈 게이트가 설정되어 있다면 노이즈 게이트 설정을 변경하거나 해제하도록 엔지니어에게 부탁하는 것이 좋습니다.

드럼의 원음에 대하여

저는 드럼이나 퍼커션의 연주를 들을 때 무의식적으로 음색에 집중하게 됩니다. 연주자들이 섬세하고 깔끔한 음색으로 연주하는 것을 들으면 '내가졌다.' 라고 패배를 인정함과 동시에 상대방 연주자의 장점을 본받으려고 합니다. 모든 악기가 마찬가지지만 드러머의 생명은 원음의 음색입니다. 그러나 공연장에서는 PA를 거쳐서 소리가 출력되기 때문에 드럼과 가까운 위치에 세팅되어 있는 모니터 스피커 소리에 귀를 기울여 드럼을 연주해보면 원음과는 전혀 다른 소리로 들립니다. PA는 마이크를 통해 입력된 소리를 원음과 최대한 가깝게 재현해내는 역할을 하는 것이 목적이지만 약간의 왜곡이 있습니다. 결국 청중에게 전달되는 연주는 PA 엔지니어와 드러머의 공동작업에 의해 완성된 소리인 것입니다.

CHAPTER 7

공연장에서의 돌발 상황을 사전에 예방할 수 있게 해 주는 팁

드럼이 복잡한 구성에 의해 이루어진 악기라는 사실은 앞에서도 언급했는데, 주변기기와 공구, 여분의 소모품 등을 합치면 어마어마한 숫자의 구성품으로 이루어져 있다는 사실에 새삼 놀라게 됩니다. 그러나 연필, 접착테이프 등 사소한 것들이라도 다른 사람이 가져왔을 것이라고 생각하고 준비를 소홀히 해서는 안됩니다. 자신에게 필요한 용품들을 꼼꼼히 준비하는 것도 연주의 일부분이라고 생각해야 합니다. 제7장에서는 공연을 성공적으로 마치기 위한 팁들을 살펴보겠습니다. 스튜디오, 클럽, 공연장 등에서의 돌발상황은 다른 멤버들에게 폐를 끼침은 물론, 공연 전체의 흐름을 깰 수 있기 때문에 이런 상황이 발생하지 않도록 사전에 철저한 준비가 필요합니다. 공연 시 연주는 물론 공연에 필요한 사전준비 역시 연주의 일부분이라는 자세를 갖도록 합시다.

공연 시 악기의 고장을 사전에 예방하고 싶다면

⬇

여분의 소품을 챙기는 것을 잊지 말자

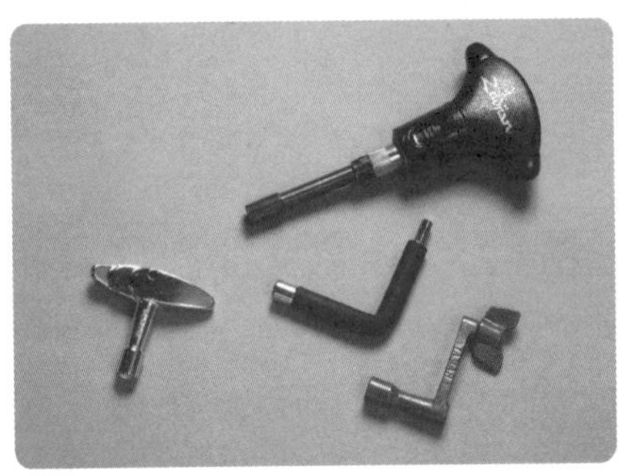

▲ ① 튜닝키

▲ ② 접착테이프

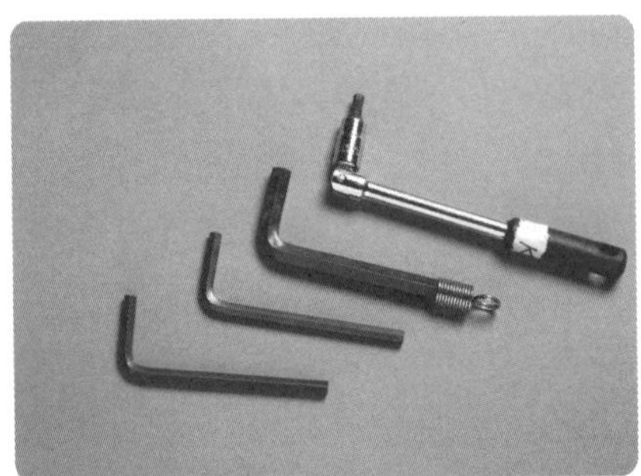

▲ ③ 6각렌치/드라이버

▲ ④ 펀치 시트

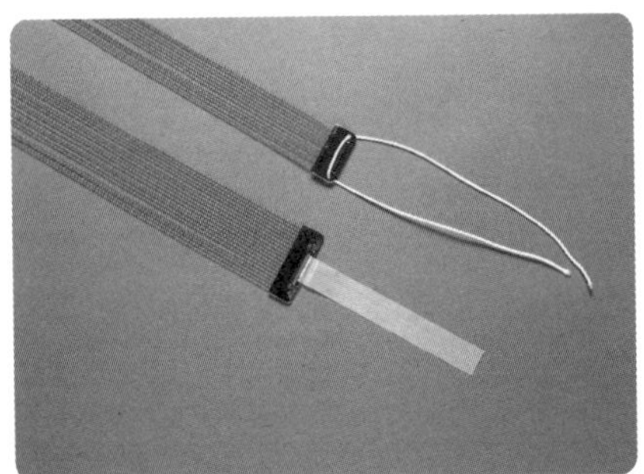

▲ ⑤ 스네어 코드와 스트랩

드럼은 복잡한 구성으로 이루어졌기 때문에 다른 악기에 비해 손이 많이 가는 악기입니다. 악기의 고장 역시 주의해야 하는 부분인데, 다른 전자악기에 비해 눈으로 봐도 쉽게 알 수 있으므로 조금만 신경 쓰면 최상의 상태를 유지할 수 있습니다. 드럼을 연주하다보면 심벌이 깨져서 서스테인이 짧아지거나, 각 부분의 나사가 느슨해지기도 하고, 스틱이 부러지거나 헤드가 찢어지는 등 여러 가지 문제에 부딪칠 수 있으므로 주의합니다.

특히 공연 시 있을 수 있는 악기고장을 사전에 예방하고 싶다면 여분의 소품을 챙기는 습관을 갖는 것이 좋습니다. 우선 여분의 헤드를 준비하는데, 예전에 사용했던 것이라도 찢어져서 못쓰는 것보다는 나으므로 반드시 챙겨둡니다. 또 여분의 스틱을 준비해 놓는 것도 잊지 말아야 하는데 스틱가방에 넣어두지 말고 연주하다가 스틱을 떨어뜨리면 다시 잡기 쉬운 곳에 놓아두도록 합니다. 몇 년 전 어느 재즈클럽에서 연주하던 드러머가 연주 중에 계속 스틱을 떨어뜨려서 청중들을 조마조마하게 했던 적이 있는데, 여분의 스틱은 본인뿐만 아니라 청중을 위해서도 반드시 필요하다는 것을 명심해야 합니다.

이 외에도 공연 전에 미리 준비해두면 좋은 소품들은 다음과 같습니다.

① 튜닝키 : 튜닝키를 잊어버리면 헤드가 느슨해질 경우 대처를 할 수 없습니다. 튜닝키는 튜닝 뿐 아니라 비터의 장착에도 사용되는데, 반대편이 6각렌치로 되어 있는 것을 사용하면 매우 편리합니다.

② 접착테이프 : 스탠드 다리의 고정과 뮤트 등 다양한 문제에 대한 응급처지에 사용합니다. 공연장에 상비되어 있는 것과 헷갈리지 않게 안쪽에 자신의 이름을 써 놓도록 합시다.

③ 6각렌치/드라이버 : 페달의 연결부분이나 샤프트를 고정시키기 위해서는 작은 사이즈의 렌치가 필요한 경우도 있습니다. 또 드러머에 따라서는 드라이버를 준비해 두기도 합니다.

④ 펀치 시트 : 이것은 얇은 카페트로 사전에 드럼을 세팅할 위치를 표시해두면 시간을 단축할 수 있습니다. 또 베이스 드럼, 하이햇, 트윈 페달의 바닥고정 핀을 카페트에 꽂으면 미끄럼 방지 역할을 합니다. 색상은 검정이나 회색 등 어두운 것을 선택하는 것이 좋습니다.

⑤ 스네어 코드와 스트랩 : 예상치 못했던 순간에 스네어 코드와 스트랩이 끊어져서 애를 먹는 경우가 생길 수 있으므로 여분을 준비해둡니다.

드럼 세팅의 달인이 되고 싶다면

세팅 시 주의점을 사전에 파악하라

▲ 하이햇 클러치의 나사는 자신의 반대방향에 오게 한다

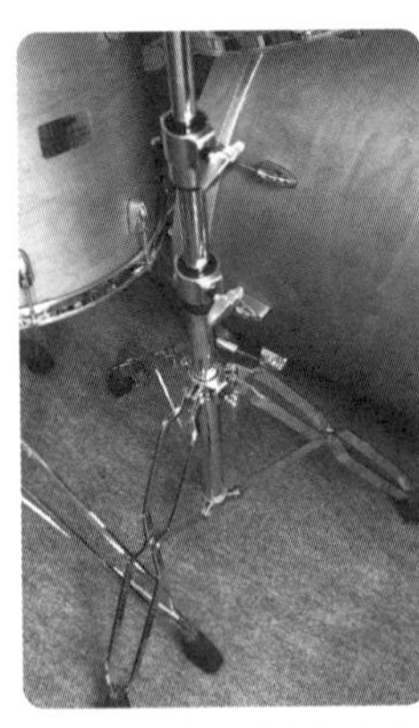

▲ 심벌 스탠드 다리의 각도는 적절한가?

▲ 스틱가방은 스틱을 꺼내기 쉽게 정돈되어 있는가?

저는 드럼세트에 앉으면 몇 가지 사항을 체크하는 습관을 가지고 있습니다. 우선 하이햇 클러치의 방향을 체크하는데, 나사는 반드시 제가 앉아있는 곳에 반대방향으로 둡니다. 이것은 하이햇을 열고 닫을 때의 장애물을 최소화하고 잘못해서 너트를 두드려서 나사가 느슨해지지 않도록 하기 위한 것입니다.

다음으로 심벌과 탐탐 스탠드 다리의 각도를 체크합니다. 다리를 너무 벌리거나 너무 좁히면 안정감이 떨어지므로 주의합니다. 이때 각 스탠드의 나사가 꽉 조여져 있는지 함께 체크하면 좋습니다.

마지막으로 스틱가방이 스틱을 꺼내기 쉽게 정돈되어 있는지를 확인합니다. 스틱, 브러시, 말렛 등을 꺼내기 쉽도록 평소에 정리하는 습관을 들이면 좋습니다. 제 스틱가방 안에는 민속음악에 사용되는 산바(Sanba), 파치카, 아이리쉬 본즈, 튜브 등의 소품들이 많아서 각별히 주의하고 있습니다.

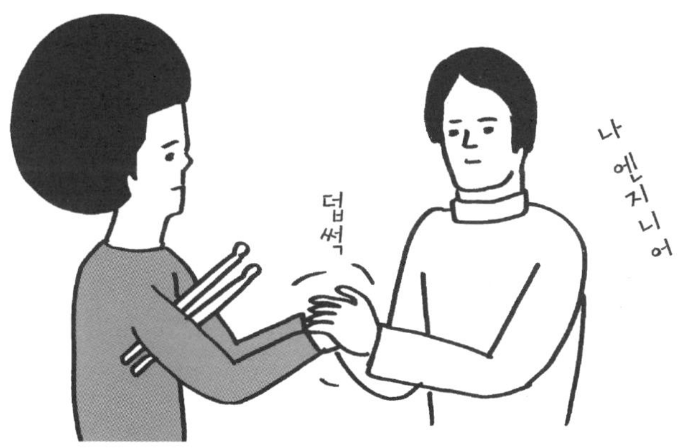

공연 또는 레코딩에서 엔지니어와의 적절한 의사소통이야말로 성공의 비결이라고 할 수 있습니다. 최근 녹음실에서 드럼을 녹음하는 경우 종전의 부스가 아닌 오픈된 공간에서 하는 경우가 있습니다. 이때의 세팅이나 베이스 드럼의 방향은 현장 엔지니어의 지시에 따르는 것이 좋습니다. 녹음하다가 마이크의 위치가 방해되는 경우에도 본인이 마이크를 건드리지 말고 엔지니어에게 위치조정을 부탁하는 것이 좋습니다. 눈치를 보느라 아무 말도 하지 않고 있다가 녹음 시 실수로 마이크를 건드리면 더욱 난감한 상황에 빠질 수 있으므로 자신의 의사표시를 분명히 하는 습관을 가져야 합니다.

공연 시에는 모니터 스피커의 볼륨조절에 만전을 기해야 하는데 클럽 같은 작은 공간에서는 우선 모니터 스피커의 음량을 최소화한 상태에서 연주해보고 다른 멤버들의 소리가 잘 들린다면 모니터 스피커 없이 연주하는 것이 가장 좋습니다. 작은 공간에서 모니터 스피커를 사용하여 특정 파트의 소리가 크게 들리면 연주 내내 거슬릴 수 있으므로 주의합니다. 간혹 다른 파트의 연주자들이 베이스 드럼이나 스네어 드럼 소리만 들리도록 요구하는 경우가 있는데, 이렇게 되면 전체적인 리듬을 들을 수 없으므로 이런 방법은 피하는 것이 좋습니다.

드러머들이 걸리기 쉬운 질병을 피하고 싶다면

적절한 대처방법을 사전에 파악해두자

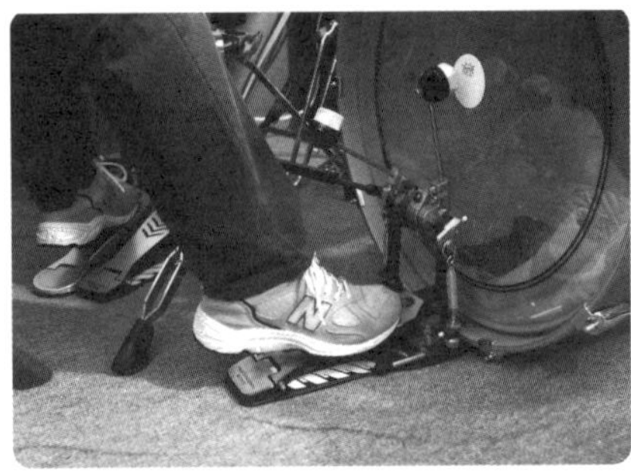

▲ 힐 업 테크닉

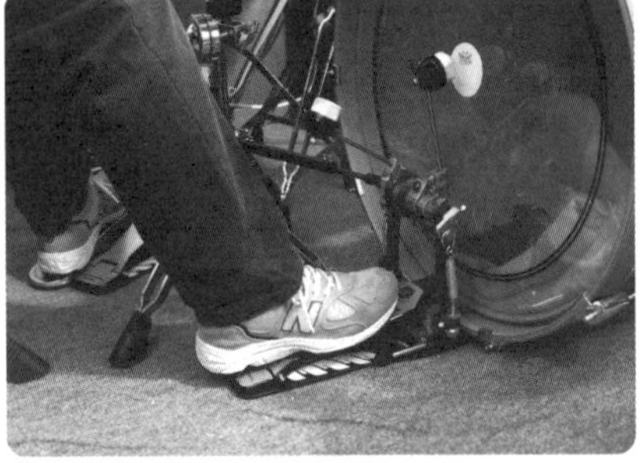

▲ 힐 다운 테크닉

Tip 003에서도 언급한 바와 같이 앉은 상태에서 양손과 양발을 사용해야 하는 드러머들은 신체적인 부담이 매우 큽니다. 특히 허리의 부담을 최소화하기 위해서 힐 다운 테크닉을 반드시 마스터하는 것이 좋습니다. 이 테크닉은 발꿈치를 풋 보드의 힐 레스트(Heel Rest) 위에 올려놓은 상태로 연주하는 풋 워크입니다. 자세를 유지할 때 허리와 양발의 발꿈치 세 곳으로 몸을 지탱하므로 신체적인 부담이 분산되는 이상적인 테크닉입니다.

그러나 힐 다운 테크닉은 존 로빈슨과 빌리 코브햄 등과 같은 거구의 드러머가 사용하기 편한 테크닉으로 체중이 적게 나가는 드러머들에게는 약간 어려울 수 있습니다. 이런 경우에는 힐 업 테크닉(발꿈치를 드는 테크닉)을 사용해야 보다 힘있는 연주가 가능합니다. 힐 업에서 힐 다운 테크닉으로 전환하고 싶은 경우에는 발꿈치를 지면과 평행으로 유지한 힐 업에서 발꿈치만 조금 내리면 힐 다운이 됩니다.

드러머들이 걸리기 쉬운 병 중의 하나로 건초염을 들 수 있습니다. 근육에 통증을 느끼고 손목을 움직일 때 삐꺽 소리와 열이 나는 초기 단계에서는 파스를 붙여서 열을 식힌 후 손목 밴드로 손목을 고정시키고 따뜻하게 해 주어야 합니다.

이때 열을 식히는 것과 따뜻하게 해 주는 타이밍을 잘못 판단하면 심각한 결과를

초래하므로 주의합니다. 또 건초염에 걸린 경우에는 연주를 잠시 쉬며 빠른 회복에 힘써야 합니다. 연주 외의 일상생활에서도 손목을 움직이는 것을 최대한 자제하여 손목에 부담을 주지 않도록 주의합니다.

그리고 난청에 시달리는 드러머들이 특히 많으므로 소리가 잘 들리지 않는다고 느껴지면 바로 이비인후과를 찾는 것이 좋습니다. 검사를 통해 몇 kHz 부근의 소리가 잘 안들리는지 체크해 두고, 연주 모니터 시 하이햇의 볼륨을 조금 올리는 등 엔지니어에게 자신이 잘 들리지 않는 주파수대의 볼륨을 올려줄 것을 부탁합시다. 엔지니어에게 자신의 의사를 분명하게 전달하지 못하는 드러머들이 의외로 많은데, 이것은 반드시 개선해야 할 점입니다. 또 난청의 기미가 보인다면 연주 시 귀마개로 항상 귀를 보호하도록 합니다.

또 드러머들의 직업병이라고도 할 수 있는 질환 중에 치질이 있는데, 치질이 의심되는 경우에는 식생활을 바꾸고(커피, 쵸코렛, 아이스크림 등을 가급적 삼가하고 요쿠르트와 우유의 섭취를 늘립니다) 상태가 심각한 경우에는 수술을 하는 것이 좋습니다.

세션 시 실수없이 연주하고 싶다면

⬇

악보의 연주순서 기호에 알아보기 쉽게 표시를 해두자

▲ 자신이 알아보기 쉽게 악보에 표시해 두는 습관을 갖자.

　세션을 하다보면 녹음 당일 스튜디오에서 악보를 받는 경우가 자주 있습니다. 왜나하면 녹음 전날 편곡이 완성되어 그때부터 악보를 간략하게 그려 연주자에게 전달하는 경우가 많기 때문입니다. 이때 연주자는 초견으로 연주해야 하는 상황에 직면하게 되는데, 보통 3시간에 3곡 정도를 녹음할 수 있다고 합니다. 특히 드러머의 경우에는 2 테이크에 걸쳐 기본적인 리듬패턴을 녹음한 후 약간의 펀치 인(수정) 작업을 통해 녹음을 완성시키는 경우가 많습니다. 레코딩의 경우에는 우선 드러머가 녹음을 한 후 다른 파트들의 녹음이 시작되므로 드러머는 실수를 최소화해야 합니다.

　그럼 레코딩 세션 시 받은 악보를 실수없이 연주할 수 있게 해 주는 팁을 소개해보겠습니다. 이것은 공연 시 연주자들이 흔히 하는 방법으로 악보 상의 연주순서 기호를 알아보기 쉽게 연필로 표시하는 것입니다. 두꺼운 선으로 도돌이표 부분을 강조하고 도돌이표 이후 연주가 달라지는 마디는 동그라미로 표시합니다. 또 반복되는 부분을 쉽게 알아보기 위해 달 세뇨(**D.S.**)에는 네모로, 세뇨(𝄋)는 세모로, 코다(⊕)는 마름모로 표시합니다. 이렇게 기호에 알아보기 쉽게 표시해 두면 실수를 최대한 줄일수 있을 것입니다.

악보의 매수가 많을 때에는

보면대를 효과적으로 활용하라

▲ 보면대 위에 가로로 긴 판을 올려 놓는다.

▲ 보면대용 조명을 준비하는 것도 좋다.

▲ 마이크 스탠드에 악보를 붙이는 방법도 있다.

드러머에게 있어서 보면대는 필수품이라고 할 수 있습니다. 보면대의 사이즈는 보통 A3 크기의 악보를 올려 놓기에 적합한데, 이것보다 큰 악보를 사용하는 경우도 많기 때문에 보면대를 2개 세팅하는 경우도 많습니다. 그러나 클럽 같은 좁은 공간에서는 보면대를 2개 사용하면 공간을 너무 많이 차지하기 때문에 대책이 필요합니다. 이럴 때에는 보면대 위에 가로로 긴 판을 올려놓으면 여러 장의 악보를 올려놓을 수 있으므로 보면대에 사용할 판을 항상 휴대하면 악보에 대한 고민이 말끔히 해결될 것입니다. 또 공연 중에는 조명이 어두워졌다 밝아졌다 하기도 하고, 갑자기 무대 전체가 어두워지는 경우도 많기 때문에 곡을 완벽하게 외우지 못한 경우에는 보면대용 조명을 준비하는 것도 좋습니다.

드러머들은 드럼세트의 구조상 보면대를 왼쪽에 놓는 경우가 많습니다. 왼쪽을 보며 연주하다 보면 오른쪽에 있는 플로어 탐탐과 크래쉬 심벌을 보지 않고 연주하게 되므로 타점이 부정확해져서 좋은 음색을 표현할 수 없을뿐더러 실수할 가능성도 높아집니다. 따라서 세팅에 별 지장이 없는 환경에서는 보면대를 정면에 놓고 연주합시다. 세션 드러머로 유명한 아오야마 준 씨는 악보의 매수가 많은 경우 마이크 스탠드에 악보를 붙이는 방법을 사용하여 정면에서 악보를 보며 연주하는데 이 방법 역시 좋은 아이디어라고 할 수 있습니다.

067_서로를 보면서 연주하자

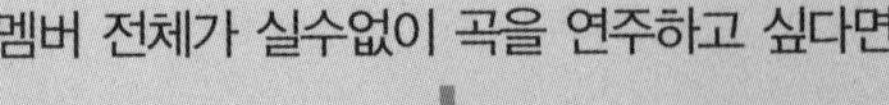

멤버 전체가 실수없이 곡을 연주하고 싶다면

↓

서로를 보면서 연주하라

드러머는 함께 연주하는 멤버들이 안심하고 연주에 임할 수 있도록 정확한 템포와 리듬을 유지해야 합니다. 또 멤버들이 실수하지 않고 편안하게 연주할 수 있도록 사인을 주는 지휘자의 역할을 감당해야 하므로 어느 정도의 리더십과 포스를 가지고 있어야 합니다. 이렇게 말하면 약간 추상적일 수 있으므로 팀에서 드러머의 역할에 관해 조금 더 구체적으로 살펴보겠습니다.

우선 연주를 시작할 때에는 큰 소리로 카운트를 합니다. 단지 큰 소리로 카운트를 하는 것뿐만 아니라 연주할 곡의 템포와 곡의 분위기에 적합하게 카운트해야 합니다. 템포가 빠른 경우에는 '1, 2, 1 2 3 4!'와 같이 예비박을 넣어서 카운트를 하고 연주를 할 때는 인트로, 테마, 코러스, 간주 등 곡의 전개가 바뀌는 부분에서 다른 멤버들을 바라보며 눈으로 사인을 주고받습니다. 특히 드러머가 오픈 솔로(마디수와 상관없이 자유롭게 솔로하는 부분)를 하는 경우에는 솔로가 끝나고 다른 전개로 바뀌는 부분을 멤버들이 알아보기 쉽도록 분명하게 사인을 줘야 합니다. 드러머는 연주 중 곡의 전개를 멤버들에게 재확인시켜주는 역할을 해야 한다는 사실을 명심합시다.

068_보컬이 노래하기 편하게 해 주는 드러머가 되자

보컬이 편안하게 노래부를 수 있도록
↓
각 부분에서 일정한 필-인을 사용하라

즉흥연주라는 용어는 함께 연주하는 연주자들과 음악적으로 교감하는 가운데 자유롭게 연주하는 것을 의미합니다. 그러나 보컬이 포함된 팝에서는 즉흥연주의 요소가 필요없는 경우가 많습니다. 특히 각 프레이즈에 대한 치밀한 편곡 하에 연주하는 곡은 즉흥적인 필-인이 예정된 음악적 조화를 깨뜨리는 주범이 되기도 합니다.

보컬곡을 연주할 때에는 곡의 전개가 바뀌는 각 부분에서 항상 일정한 필-인을 사용해야 합니다. 각 부분의 필-인을 사전에 정해놓고 항상 같은 필-인을 사용하면 보컬이 각 필-인에 무의식적으로 반응하며 편안한 상태에서 노래할 수 있습니다.

만약 솔로부분에서 난해한 테크닉을 선보일 경우에는 멤버들이 박자를 세는데 지장이 없도록 충분히 배려해야 합니다. 또 연주 시 약간의 자유로움을 원한다면 간주부분에 즉흥성을 가미하되 곡의 흐름에 지장을 주지 않는 범위에서 연주하는 것이 좋습니다. 필살기를 중요하게 생각하는 제가 이런 말을 하면 설득력이 별로 없을 수도 있겠지만, 다른 연주자들이 편안하게 연주할 수 있도록 해주는 드러머야 말로 좋은 드러머라는 사실을 명심하기 바랍니다.

쉬는 시간에 다른 멤버들이 편안하게 쉬도록 하고 싶다면

↓

작은 소리로 연습하라

  합주나 레코딩 중의 쉬는 시간에 기타리스트의 연주 소리가 거슬렸던 경험이 있을 것입니다. 인간이란 원래 다른 사람의 잘못된 행동에는 민감한 반면 자신의 잘못된 행동에 대해서는 관대하기 마련인데, 드러머들 역시 쉬는 시간에 연주를 해서 다른 파트의 연주자들로부터 자주 원성을 듣곤 합니다. 악기를 수리하거나 튜닝하기 위해 소리를 내야 하는 경우에는 어쩔 수 없지만, 특히 쉬는 시간에 드럼연주 소리는 다른 멤버들에게 상당히 거슬릴 수 있으므로 각별한 주의를 기울여야 합니다. 물론 휴게실이 딸린 환경에서는 전혀 문제될 것이 없겠지만, 일반적인 합주실이나 녹음실에서 쉬는 시간에 연습을 하고 싶을 때에는 브러시나 로즈 스틱을 사용합시다.

  또 공연 리허설 중 쉬는 시간에 멤버들이 자신의 악기가 아닌 다른 파트의 악기를 연주하며 즐기는 경우가 많은데, 이때 다른 멤버가 드럼을 친 후 스틱을 원래 위치에 제대로 놓지 않는 경우가 많으므로(퍼커션의 경우도 마찬가지) 각별히 주의해야 합니다.

공연장이나 녹음실에서의 작업을 순조롭게 진행하고 싶다면
↓
스태프들과도 좋은 관계를 유지하라

무대감독

PA 스태프

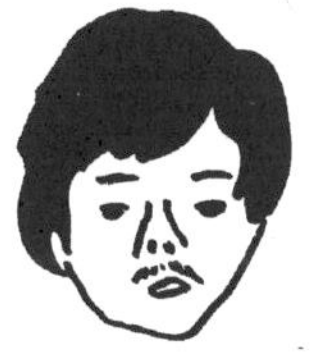

조명 스태프

공연장 관계자

팀 멤버들

 녹음실에서는 메인 엔지니어가 녹음, 재생, 편집 작업을 하고, 어시스턴트가 악보 준비, 마이크 세팅, 카운트 등의 작업을 수행합니다. 또 디렉터나 프로듀서는 원하는 시간 내에 작업이 진행될 수 있도록 전체적인 진행을 하면서 PA를 통해 출력된 사운드가 원하는대로 표현될 수 있도록 조언을 합니다. 공연장에서 역시 각 분야의 스태프들이 기재의 세팅부터 조명(조명 기구를 세팅하고 방향을 정하는 등의 작업), PA의 사운드 체크에 이르기까지 공연에 필요한 전반적인 사항들을 수행합니다.

 이와 같이 공연이나 레코딩은 연주자뿐만 아니라 많은 사람들이 하나가 되어 하나의 예술작품을 완성합니다. 드러머는 이때 음악가로서의 임무와 다른 사람들을 배려하는 임무를 동시에 수행해야 합니다. 또 공연이 시작되면 청중들과 하나가 된 무대를 만드는 역할을 감당해야 합니다. 뮤지션은 자칫 본인이나 팀의 음악적인 부분에만 신경을 쓰기 쉬운데, 함께하는 모든 사람들과의 유대관계를 중시하는 마음가짐을 갖는다면 보다 좋은 연주자로 인정받게 될 것입니다.

샘플링 작업

드러머가 항상 곡 전부를 연주해야 한다는 고정관념은 사라진지
오래입니다. 최근에는 휴대폰의 벨소리에 사용되는 음악에 실제
드러머가 연주한 음원이 사용되는데, 이와 같은 샘플링 작업을 할 때에는
연주를 하지 않고 단음으로 스네어 드럼, 베이스 드럼, 탐탐, 심벌 등의
소리를 녹음합니다. 예전에 처음으로 샘플링 작업에 참여했을 때 스네어와
베이스 드럼만 가져오면 된다라는 스태프의 말을 그대로 받아들여 저는
스틱과 페달을 가져가지 않고, 진짜로 스네어와 베이스 드럼만 가져가서
낭패를 본 적이 있습니다. 지금 생각해보면 웃음이 나오는
추억이지만 당시에는 일거리를 놓친 것이 분해서 며칠 동안
잠을 이루지 못했던 쓰라린 경험이었습니다.

CHAPTER 8

리듬감과 그루브감을 향상시켜 주는 팁

타임 키핑(Time Keeping)은 드러머에게 있어서 평생의 과제라고 할 수 있습니다. 그리고 리듬감, 그루브감과 같은 추상적인 부분들 역시 드러머들이 평생 짊어지고 가야 할 과제입니다. 이번에는 타임 키핑과 그루브 표현을 위한 효과적인 팁에 관해 살펴보겠습니다. 리듬감이라는 것이 타임 키핑 능력에 해당되는지, 그루브를 표현하는 능력에 해당되는지는 용어적으로 불분명하지만 드러머가 리듬을 연주하는 순간 함께 연주하는 연주자나 청중들은 흥에 겨워서 몸을 흔들기 시작합니다. 일단 리듬이 연주되기 시작하면 즐거운 음악이 시작되는 것입니다.

리듬감을 향상시키고 싶다면

↓

메트로놈을 효과적으로 활용하라

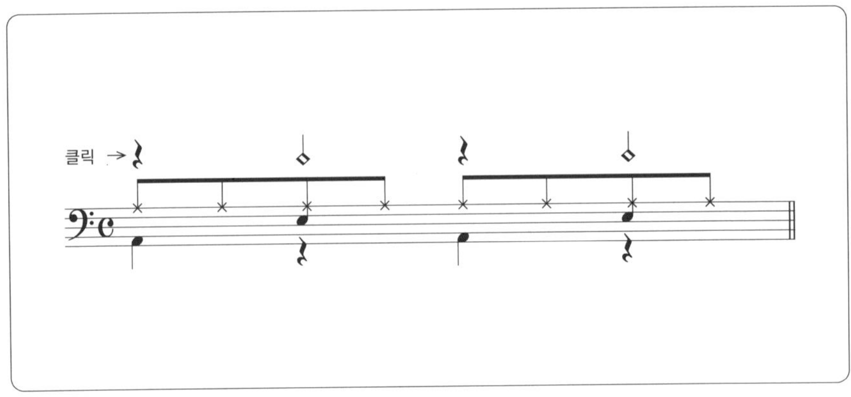

▲ 메트로놈의 클릭을 업 비트에 맞춘다.

드러머들은 메트로놈의 클릭에 맞춰 루디먼트나 곡을 연습하는 경우가 많은데, 메트로놈을 효과적으로 활용하면 연습의 질을 향상시킬 수 있습니다.

스피커를 통해 나오는 클릭을 들으며 연습하는 것도 좋지만 때로는 헤드폰을 끼고 연습하는 것도 좋습니다. 헤드폰에서 들리는 클릭을 들으며 연주하는 것은 레코딩이나 공연에서의 연주를 의식한 것입니다. 공기를 거친 후 자신에게 전달되는 소리와 헤드폰을 통해 직접 전달되는 소리는 각각의 대응방법이 조금씩 다르기 때문에 양쪽 모두에 익숙해져야 합니다.

리듬감을 향상시키는 연습 중의 하나로 메트로놈의 클릭을 업 비트에 맞추고, 이것을 느끼면서 연습하는 방법이 있습니다. 클릭을 템포60의 4분음표에 맞춘 상태에서, 클릭 소리를 템포120의 업비트로 생각하고 8비트를 연주해봅시다(악보). 만약 이것이 잘 안된다면 메트로놈에 묻혀가는 버릇이 들어 스스로 리듬을 표현하지 못하기 때문입니다.

리듬감 연습 중에서 가장 어려운 것은 클릭 없이 연주하는 것입니다. 클릭이 없는 상태에서 정확한 리듬을 표현하는 것은 어떻게 보면 가장 쉬우면서도 가장 어려운 일이라고 할 수 있습니다.

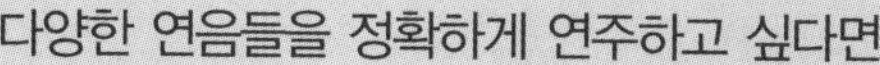

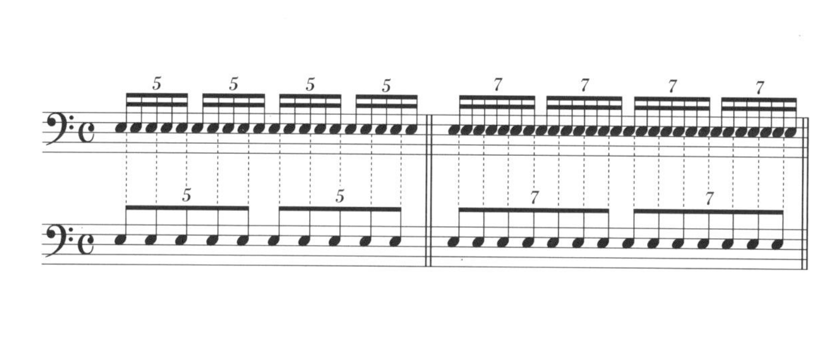

▲ 오드 타임의 서브디비전

서브디비전(Subdivision)은 드러머들이 사용하는 용어로 4분음표 한 박을 어떻게 쪼개어 연주하느냐를 의미하는 말입니다. 이것은 Tip 044에 등장하는 연습과제와 비슷한데, 4분음표, 8분음표, 3연음, 16분음표, 5연음, 6연음, 7연음, 32분음표 등을 4분음표 기준으로 연주하는 것입니다. 그래서 4분음표를 정확하게 파악하고 있지 않은 상태에서는 리듬을 쪼개는 것이 불가능합니다.

저는 학생들에게 이와 같은 연습을 할 때 4분음표를 입으로 카운트하도록 지도합니다. 아무리 다양한 리듬을 구사할 수 있다 하더라도 입으로 카운트하며 연주하는 것이 불가능하다면 완벽하게 이해했다고 할 수 없습니다. 이 때 템포 역시 Slow, Medium, Fast로 나누어서 연습하고 2박 5연음과 2박 7연음 등의 2박을 오드 타임(홀수 박)으로 서브디비전(악보)하는 것도 도전합시다. 이와 같은 연습은 절대 흔들리지 않는 리듬감을 익힐 수 있도록 해 줄 것입니다.

재즈 그루브를 연주하고 싶다면
↓
재즈에서 사용하는 리듬의 구조를 파악하라

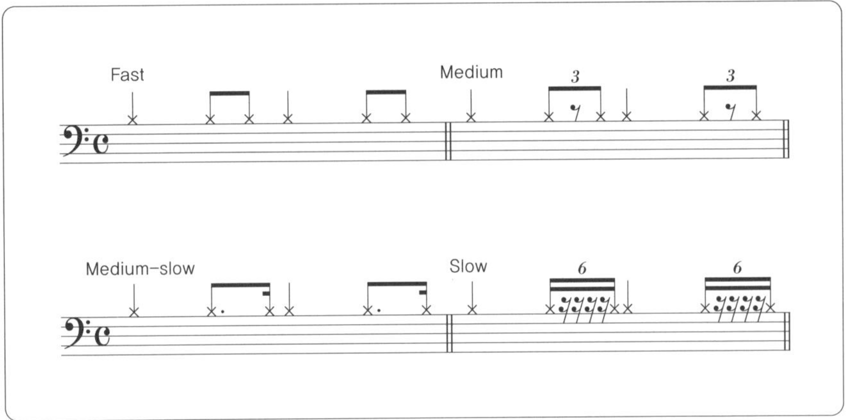

▲ 재즈의 심벌 레가토

록을 주로 연주하던 드러머들이 재즈드럼의 세계에 입문하면 '재즈를 연주할 때 스윙감을 표현하는 것이 어렵다', '재즈적인 느낌이 전혀 나지 않는다', '셔플과 스윙의 차이점을 모르겠다' 와 같은 고민이 시작됩니다.

재즈연주를 잘 하고 싶다면 재즈 음반을 많이 들으라고 밖에 해 줄 말이 없지만, 어떻게 연주해야 할지에 관해 굳이 설명하자면 심벌 레가토의 탭(악보의 두 번째와 네 번째 박의 연음), 즉 3연음의 첫 번째, 세 번째 음의 간격을 템포에 따라 약간씩 다르게 연주하는 방법으로 이 문제를 해결할 수 있습니다. Fast에서는 이 음표를 8분음표로 연주하고, Medium에서는 3연음, Medium-slow에서는 16분음표, Slow에서는 6연음으로 연주하는 것인데(악보), 이것은 스탠다드 재즈에서 뿐만 아니라 약간 대중적인 느낌의 재즈를 연주할 때에도 적용할 수 있습니다.

그리고 재즈 특유의 리듬에 대한 추 운동의 구조를 파악할 필요가 있습니다. 예전에 고(故) 세라 유즈루 씨와 클럽에서 연주했을 때의 일입니다. 그는 어떻게 하면 8분음표를 저렇게 뒤에 오게 연주할 수 있을까? 라는 생각이 들 정도로 8분음표를 연주했는데, 마치 일부러 저를 약올리려고 그러는 것처럼 느껴질 정도였습니다.

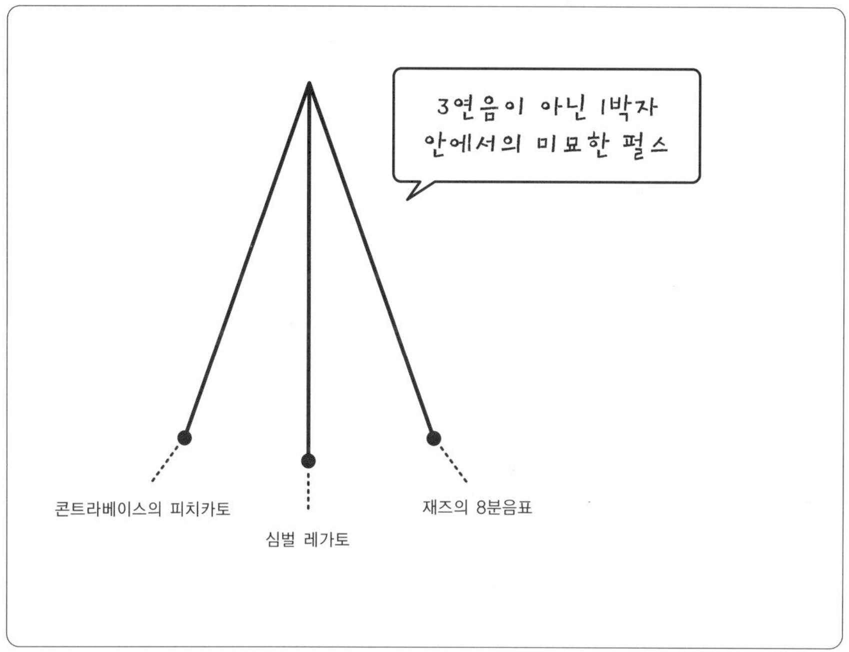

▲ 리듬에 의한 추 운동

아니나 다를까 저는 그의 연주에 말려 템포가 점점 뒤로 처지기 시작했고, 템포를 전혀 느낄 수 없는 상태에서 연주가 끝나고 말았습니다. 연주 후에 험악한 분위기가 이어진 것을 말할 것도 없습니다. 지금 생각해보면 세라 씨는 리듬의 추 운동의 제일 뒷부분에서 연주를 하고 있었던 것입니다. 심지어 뒤에 오는 8분음표에는 약간의 악센트가 붙어 있었습니다(이와 같은 주법을 레이 백이라고 합니다). 당시 리듬의 추 운동의 제일 앞부분은 콘트라베이스가 연주하는 피치카토로 시작되었는데, 보디의 울림을 의식해서 약간 앞으로 당겨서 연주하는 경우가 많기 때문에 리듬이 정확한지 판단할 수가 없었습니다. 이런 경우에 저는 심벌 레가토를 정박에서 연주해야 했던 것입니다. 그 후 빅밴드에 참가하게 된 저는 혼 섹션이 단체로 연주하는 레이 백과 다시 한번 고군분투 하였습니다.

리듬의 추 운동은 익숙해지기만 하면 매우 즐거운 연주를 경험할 수 있는데, 이때 드러머는 정확한 심벌 레가토로 중심을 잡는 역할을 하는 것입니다.

　리듬을 타는 것이 무엇인지 생각해보면 그루브와 같은 것이라고 밖에 설명할 수 없습니다. 음악에는 딱히 정의내리기 힘든 추상적인 용어들이 많지만 단순하게 생각하면 리듬을 앞에서 타는 것은 달리는 느낌으로 연주하는 것이고, 리듬을 뒤에서 타는 것은 뒤로 쳐지는 느낌으로 연주하는 것입니다. 인간은 선천적으로 리듬을 타는 능력을 갖고 태어납니다. 이것은 사람마다 조금씩 다른데 묵직한 그루브감을 가지고 있는 드러머가 아무리 가볍게 연주하려고 해도 느낌이 제대로 살지 않는 것과 같습니다. 또 존 보냄이나 코지 파웰 등과 같은 드러머가 가볍게 연주하는 모습은 상상하기조차 힘들 것입니다. 반대로 평소에 늘 가벼운 느낌으로 연주하는 드러머가 메탈을 연주하면 느낌이 잘 살지 않는것 역시 본래 가지고 있는 그루브감 때문입니다. 예전에는 선배들로부터 마음을 담아서 스네어를 연주하라는 조언을 자주 들곤 했습니다. 요즘에는 이런 사고방식이 거의 없어졌지만, 당시에는 흑인 드러머는 감정에 충실한 연주를 한다는 잘못된 고정관념이 있었기 때문에 스네어를 연주할 때 감정을 이입하는 것이 당연한 것으로 여겨졌습니다. 그러나 어느 날 〈Earth wind & fire〉의 드러머인 프레드 화이트(Fred White)의 정확하면서도 깔끔한 스네어 연주를 보고 이런 생각이 완전히 바뀌었습니다. 리듬을 잘 타려면 분명하고 정확하게 연주하는 것이 최선의 방법이라는 것을 명심하기 바랍니다.

이븐과 바운스를 구분해서 연주하고 싶다면

두 개의 그루브를 따로따로 연습하라

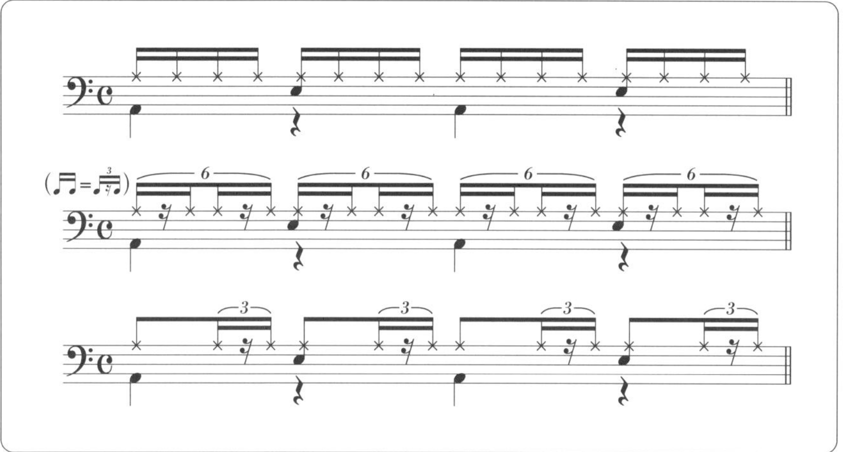

▲ 이븐(Even)과 바운스(Bounce)에 의한 그루브

세상에는 이븐 그루브와 바운스 그루브라는 두 종류가 존재합니다. 최근 젊은 연주자들이 말하는 바운스 있는 곡이라는 것은 쉐이크가 연주하는 기본 리듬 위에서 스네어로 16분음표의 업 비트 부분을 강조하는 리듬 패턴으로 이루어져 있습니다. 현재는 컴퓨터를 사용해서 작곡하기 때문에 바운스를 표현하기 위한 수치를 세밀하게 조절할 수 있게 되었습니다. 작·편곡가들이 말하는 60%의 바운스를 가진 곡을 실제로 연주해 본 적이 있는데 미디로 입력하기에는 편리한 반면, 연주자의 입장에서는 인위적이라는 느낌 때문에 리듬을 안정적으로 표현하기가 힘들었던 적이 있습니다.

그럼, 바운스에 의한 그루브를 표현하기 위한 연습방법을 소개하겠습니다(악보). 우선 업·다운 스트로크(숄더와 팁으로 번갈아가며 연주하는 것)로 하이햇을 이븐에 의한 16분음표로 연주해 봅시다. 업·다운 스트로크로 연주하면 8분음표에 악센트가 살짝 들어갑니다. 다음에는 같은 템포에서 바운스에 의한 그루브를 표현해 보도록 합시다. 또 이븐과 바운스 그루브를 재즈의 심벌 레가토로 연습해 보면 보다 정확하게 구분해서 사용하는 것이 가능할 것입니다.

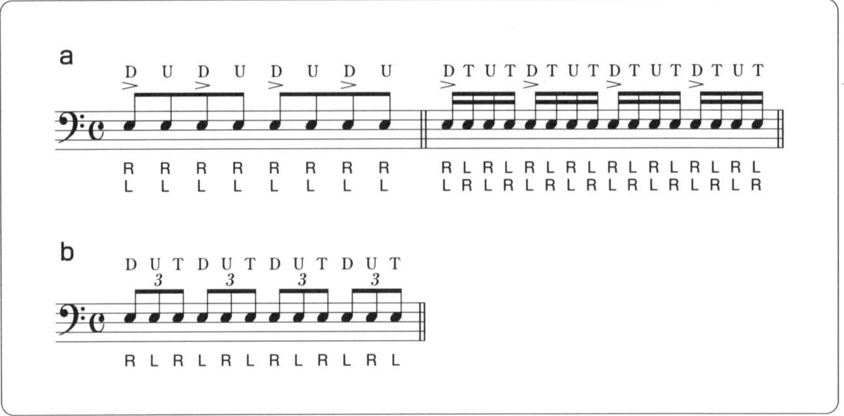

▲ 작은 움직임으로 악센트를 표현하는 방법

Tip 023에서 살펴본 것과 같이 악센트를 연주할 때에는 악센트 이외 음들의 음량을 줄여야 합니다. 드럼을 시작한지 얼마 안 된 경우에는 스트로크의 높이가 높은 경우가 많기 때문에 이 상태에서 악센트를 표현하려면 더 많은 힘을 필요로 합니다.

따라서 이번에는 작은 움직임으로 악센트를 표현할 수 있는 방법에 관해 살펴보겠습니다. **Tip 008**에서 소개했던 하이 포지션과 로우 포지션은 단순히 스틱의 높낮이를 의미하는 것으로 악센트 바로 앞의 테이크 백에서는 하이 포지션을, 드럼을 두드린 후에는 로우 포지션으로 연주합니다. 악센트가 포함된 프레이즈를 연주할 때에는 이 두 가지 포지션을 각별히 의식하며 연주해야 합니다.

16분음표의 첫 박에만 악센트를 넣어 봅시다. 오른손으로는 D-U-D-U를 연주하며 왼손으로는 탭 스트로크로 빈 공간을 채워 가면 결국 DTUT-DTUT와 같이 연주하게 됩니다(악보 a). 또 3연음은 DUT-DUT와 같이 되는데(악보 b), 스틱의 높이와 궤도, 양손의 음량에 주의해서 연주하면 악센트를 쉽게 표현할 수 있습니다.

쉼표를 정확하게 표현하고 싶다면

고스트 모션을 효과적으로 활용하라

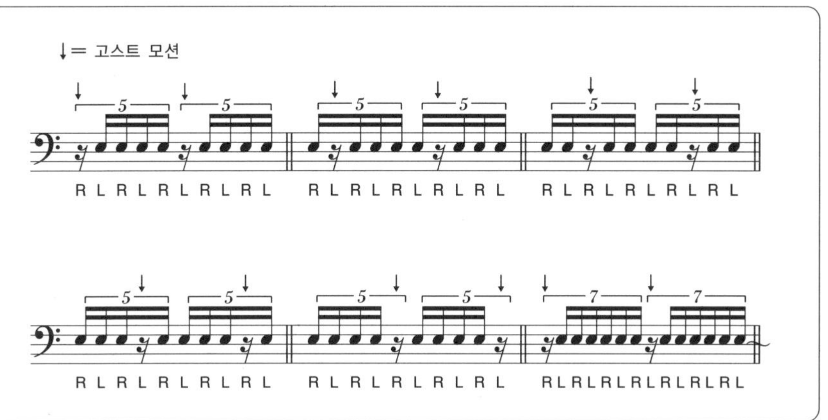

▲ 5연음과 7연음에서 쉼표의 이동

Tip 044의 연습과제를 통해 살펴본 것과 같이 쉼표를 연주할 때에는 고스트 모션을 활용하면 좋습니다. 그렇다고 너무 오버해서 고스트 모션을 취할 필요는 없으며 스트로크 궤도 내에서 15cm 정도의 높이가 가장 적당합니다. 잘못해서 타점에서 가까운 곳까지 손이 내려가면 실수로 음을 연주할 수 있으므로 주의해야 합니다. 고스트 모션은 특히 오드 타임(Odd Time)에서 쉼표를 연주할 때 위력을 발휘하는데(악보), 고스트 모션이 없이 5연음이나 7연음에서 쉼표를 이동시키면 리듬적인 균형을 잃을 수 있습니다.

120이상의 템포에서 16분음표로 연주하는 경우에는 고스트 모션을 하지 않는 것이 좋지만, 무의식적으로 하는 경우에는 억지로 그만두려고 하지 말고 자연스럽게 연주합니다. 많은 연주자들이 쉼표는 그저 음이 없는 상태가 아니므로 연주한다는 생각으로 표현해야 한다고 합니다. 쉼표를 정확하게 연주하면 해당 길이만큼의 그루브를 온 몸으로 느낄 수 있는데, '으 따 따 따' 또는 '따 따 쿠 웅' 과 같은 리듬에서 '으' 와 '웅' 에 해당하는 쉼표를 매번 일정하게 연주할 수 있게 되면 쉼표의 표현방법을 어느 정도 마스터했다고 할 수 있습니다.

▲ 쿠바의 퍼커션들

세계적인 드러머들이 라틴음악에 조예가 깊다는 것은 널리 알려진 사실입니다. 알렉스 아쿠냐(Alex Acuña)는 왼손으로 콩가를 연주하며 드럼솔로를 전개하는 것으로 유명하고, 안토니오 산체스(Antonio Sanchez)는 카우벨로 $\frac{6}{8}$ 박자의 몬투노 리듬을 연주하며 이와는 전혀 다른 펄스로 드럼솔로를 전개합니다. 이와 같은 외국 연주자들 뿐만 아니라 일본의 아키라 짐보(Akira Jimbo)가 발로 연주하는 클라베 역시 많은 드러머들에게 신선한 충격을 가져다주었습니다.

여러분도 라틴음악 요소를 자신의 음악에 접목해 보고 싶지 않습니까? 라틴음악은 크게 쿠바와 브라질의 음악으로 구분하는데, '○○삼바' 와 같은 제목을 가진 곡의 인트로에서 봉고를 연주한다는 것은 모순이라고 할 수 있으므로(참고로 삼바는 브라질 음악입니다), 각 나라의 퍼커션에 관해 공부해 둡시다.

▲ 브라질의 퍼커션들

▲ 아프리카의 퍼커션들

3박자를 마스터하고 싶다면
↓
프레이즈의 해결을 염두에 두자

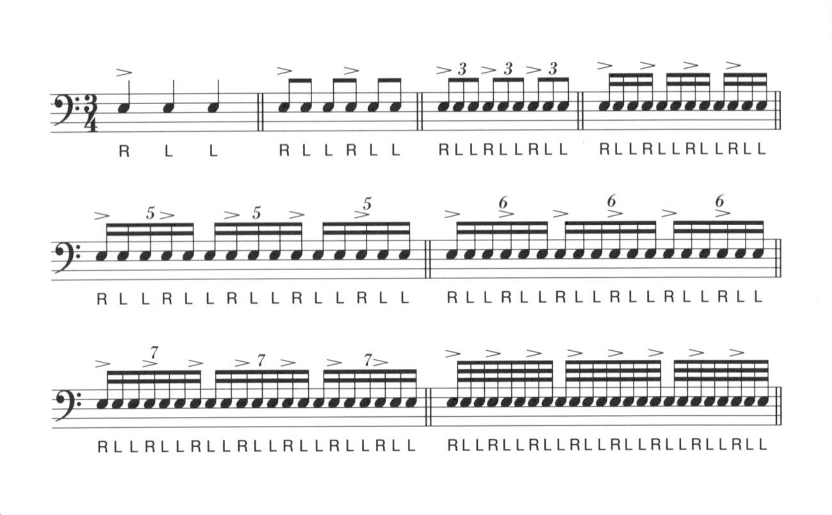

▲ 3박자에서의 체인지 업

3박자는 모든 음악의 뿌리라고 할 수 있습니다. 많은 민속음악들이 3박자를 사용하고 있는데, 특히 오키나와의 민요에서는 곡의 박자를 막론하고 산바(Sanba : 캐스터네츠같이 생긴 악기)로 3박자를 연주합니다. 또 클래식 음악사를 살펴보면 3박자를 완전한 리듬으로 취급했다는 문헌을 엿볼 수 있는데, 완전함을 의미하는 박자기호 '○'로 표기했다고 합니다. 현재 대부분의 곡들은 $\frac{4}{4}$박자로 작곡되는데, 4박자를 의미하는 박자기호인 'C'는 완전한 박자인 '○'에 비해 부족하다는 의미에서 비롯되었다고 전해지고 있습니다.

3박자를 마스터하고 싶다면 3박자에서 체인지 업(액셀레이션 컨트롤)을 해봅시다. 3개로 분할된 프레이즈는 기본 박자가 몇 박인지에 상관없이 모두 3박자로 해결됩니다.

곡의 분위기에 맞는 드러밍을 구사하고 싶다면
↓
가사의 의미를 생각하며 연주하자

저는 보컬이 포함된 곡을 연주해야 하는 경우에는 스태프에게 부탁해서 노래 가사가 적힌 악보를 받아둡니다. 드럼을 처음 시작했을 때 선생님께서는 저에게 노래 제목이 '비 오는 ○○'이면 비가 올 때와 같은 감정으로, '밤안개 ○○'이면 밤안개가 드리워진 거리를 상상하며 연주하라고 하셨습니다. 이것은 어찌 보면 매우 단순한 공식일지 모르지만 보컬 곡을 반주할 때에는 이와 같은 마음가짐이 반드시 필요하다고 생각합니다. 곡 전체의 이미지와 가사가 드러밍과 서로 다른 느낌을 가지고 있다면 올바로 곡을 표현할 수 없습니다. 보컬 곡의 경우 하이햇 오픈은 가사와 가사의 사이에 넣어 가사를 침범하는 일 없이 최대한 보컬을 부각시킬 수 있도록 하는 것이 좋습니다. 이를 위해서는 마음속으로 노래를 따라 부르며 보컬과 호흡을 맞추는 것이 중요합니다. 그리고 곡이 코러스로 진행하면 필-인을 최대한 효과적으로 연주합니다.

때로는 메탈 곡에서 '미친 듯이 질주하는 드라이브는 정말 기분 좋아~'와 같은 가사가 등장하기도 하고, 라틴 곡에는 바나나를 파는 이야기가 자주 등장하는데, 이런 곡들의 가사는 어떻게 해석하고 노래해야 할지 가끔씩 의문이 생기곤 합니다.

멤버들 간의 인사는 기본이다!

제가 어느 정도 나이가 있기 때문인지는 몰라도 인사예절에 관해서는
상당히 까다로운 편입니다. 합주나 레코딩 전에 "안녕하세요."라고
인사하고, 끝나면 "수고하셨습니다."라고 인사하는 것의 중요성은 제가
가르치는 학생들에게도 늘 강조하고 있습니다. 인사는 사람이라면 누구나
기본적으로 지켜야 하는 매너입니다. 어느 날 학교 로비에서 인사를 제대로
하지 않는 학생을 불러 세워놓고 인사의 중요성에 대해 설교를 하고
있었습니다. 그런데 그때 마침 다른 파트의 강사가 지나가다가 저를
보고 손을 가볍게 흔들며 '츄스~(Tschüss)'라고 인사를 하는
것이었습니다. 덕분에 인사예절의 중요성에 관해 열변을
토하던 제 입장이 난처해졌던 기억이
떠오르곤 합니다.

CHAPTER 9

필살기의 달인이 되기 위한 팁

제9장에서는 드럼을 연주하는데 있어서 보편적으로 사용하는 연주법부터 테크닉이 요구되는 고난이도의 연주법까지 살펴보도록 하겠습니다. 또 평상시에 늘 사용하면서도 이론적으로는 잘 모르는 경우가 많은 림샷, 더블 스트로크, 손목을 사용한 롤과 최근 화제가 되고 있는 몰러 테크닉의 역사, 제임스 브라운 비트(James Brown Beat)를 이용해 리듬에 무게와 약동감을 더하는 방법에 관해서도 살펴보겠습니다. 필살기는 특별한 테크닉이 아닌 일반적으로 사용하는 테크닉들이 모여서 완성된 것이라고 할 수 있는데, 난해하게 들리도록 하기 위해 꾸밈음을 넣거나, 악센트를 적절하게 사용한 것에 불과하다는 사실을 이해하면 어렵다고 느껴지는 테크닉도 쉽게 마스터할 수 있을 것입니다.

클로즈 림샷을 자연스럽게 구사하고 싶다면
⬇
올바른 연주법과 응용방법을 터득하라

▲ ① 클로즈 림샷 (Close Rimshot)

▲ ② 큰 음량 내기 위한 클로즈 림샷

클로즈 림샷은 스틱의 팁을 타면에 붙인 상태에서 그립 엔드로 림을 두드리는 테크닉입니다(사진 ①). 스틱을 거꾸로 쥐지 않고 연주하는 경우에는 그립 엔드를 타면에 붙인 상태에서 림을 두드립니다. 우선 엄지손가락과 집게손가락으로 스틱을 쥔 후 손바닥을 타면에 붙이고, 나머지 손가락은 저음을 커트하기 위해 헤드 위에 살짝 올려놓습니다. 이때 스틱 위에 손바닥이 닿지 않도록 주의합니다. 스카(Ska) 등의 음악을 연주할 때 큰 음량을 원한다면 손바닥 전체를 들어 올린 후 림을 두드리는데 (사진 ②), 이것은 폴리스(Police)의 스튜어트 코플랜드(Stewart Copeland)가 자주 사용하는 테크닉입니다. 반대로 칙 코리아(Chick Corea) 밴드인 오리진(Origin)의 드러머 제프 발라드(Jeff Ballad)는 섬세한 클로즈 림샷으로 퍼커션에 버금가는 그루브를 표현해 냅니다. 또 소니 롤린스의 『St. Thomas』에서는 맥스 로치(Max Roach)의 클로즈 림샷에 의한 칼립소 패턴을 감상할 수 있으므로 참고하기 바랍니다.

오픈 림샷을 자연스럽게 구사하고 싶다면
⬇
스틱의 각도를 컨트롤하라

▲ 테이크 백→오픈 림샷

스네어의 헤드와 림을 동시에 두드리는 테크닉을 오픈 림샷(Open Rimshot)이라고 합니다. 기본적인 8비트를 연주하는 경우에는 프로, 아마추어를 막론하고 거의 모든 드러머들이 오픈 림샷을 사용합니다(단 드랙이나 플램은 림샷으로 연주하지 않는다). 물론 장르에 따라서는 림샷을 사용하지 않는 경우도 많지만 펑크나 록에서는 림샷을 필수적으로 사용합니다. 평소에 림샷을 잘 하지 않는 드러머들은 림샷을 하다가 실패했을 때의 소리(스카에서 자주 사용되는 음색)가 두려워서 또는 헤드만 포르티시모($\boldsymbol{ff}$)로 연주하는 편이 로우가 섞인 좋은 음색을 얻을 수 있다는 등의 이유로 림샷을 꺼립니다.

림샷을 자연스럽게 구사하는 요령은 스틱을 내려칠 때의 각도를 컨트롤하는 것입니다. 스틱을 살짝 눕힌 상태에서 림을 약하게 두드리면 오픈 림샷을 쉽게 구사할 수 있는데, 실수가 두려운 경우에는 헤드 주변을 두드린다는 생각으로 스틱을 내려쳐서 일반적인 테크닉에 익숙해지도록 한 후 용기를 내서 오픈 림샷에 도전해 봅시다. 림샷 성공률은 연습량에 비례하는데, 레귤러 그립을 사용하는 경우에는 좋은 음색으로 림샷을 연주하기까지 상당한 시간을 필요로 합니다.

> 드럼을 편하게 연주하고 싶다면
> ↓
> **고전적인 테크닉을 마스터하라**

최근 주목받고 있는 몰러 테크닉(Moller Technique)은 남북전쟁 당시 샌포드 몰러라는 사람이 퇴역 군인으로부터 전수받은 테크닉입니다. 전시에는 전투기, 탱크, 대포 등의 폭발음이 만연한 가운데 적이 공격했을 때의 신호와 격침, 식사에 관한 신호를 스네어 드럼으로 해야 했는데, 작은 소리는 물론 갑자기 큰 소리로 연주하기 위해서는 신체의 각 부분을 자연스럽게 움직일 수 있는 테크닉이 절실하게 요구되었습니다.

몰러에게 이 테크닉을 전수받은 것은 짐 채핀(Jim Chapin)과 진 크루파(Gene Krupa)인데, 이 테크닉은 드럼의 신으로 불리는 버디 리치(Buddy Rich)에게까지 전수됩니다.

▲ 고전적인 테크닉에 관한 다양한 교재들

옛 것을 통해 새로운 테크닉을 마스터한다는 개념으로 몰러 테크닉은 많은 드러머들로부터 주목받고, 개량이 거듭되어 이제는 몰러 테크닉이라고 부를 수 없을 정도로 발전했습니다.

몰러 테크닉 외에 미국의 전통적인 연습방법들을 살펴보아도 각 테크닉들은 현대의 음악에 맞게 개량, 발전을 거듭하고 있습니다. 저도 시대를 거슬러 올라가 고전적인 테크닉에 관한 교재들을 자주 사용하는데, 1951년에 출판된 루딕의 〈손목과 손가락에 의한 스틱 컨트롤〉에는 팔, 손목, 손가락과 바운스 등을 강화할 수 있는 연습과제들이 수록되어 있습니다.

또 테드 리드의 〈싱코페이션〉에는 글레드 스톤이라는 테크닉이 수록되어 있고, 로이 번즈의 〈핑거 컨트롤〉에는 바운스를 사용하지 않는 데드 스틱과 바운스를 충분히 사용하는 바운스 스테디 테크닉이 수록되어 있으므로 참고하기 바랍니다.

리듬패턴을 그루브있게 연주하고 싶다면
↓
제임스 브라운 비트를 마스터하라

▲ 제임스 브라운 비트(James Brown Beat)

펑크(Funk) 리듬패턴의 역사는 제임스 브라운 비트의 역사라고 할 수 있는데, 이 것은 제임스 브라운 밴드의 역대 드러머가 사용한 다양한 리듬패턴과 바리에이션 (Variation)이 곧 펑크 리듬패턴의 역사라는 것을 말해줍니다. Tip 084에서는 고스 트 노트의 변화에서부터 하이햇 연주를 통해 두터운 리듬을 표현하는 방법 등이 담 겨 있는 제임스 브라운 비트에 관해 소개하겠습니다.

우선 그루브를 살리기 위한 연습과제로 제임스 브라운 고스트를 연주해 봅시다.

▲ 펑크의 리듬패턴을 구축한 제임스 브라운 밴드

제임스 브라운의 황금기를 함께 했던 위대한 두 드러머인 클라이드 스터 ▶
블필드(Clyde Stubblefield)와 존 "자보" 스탁스(John "Jab'o" Starks)
의 명연주를 감상할 수 있는 DVD 〈Soul of the funky drummers〉

초급자는 (악보 a), 상급자는 (악보 b)를 연주해 보는데, (악보 b)는 악센트가 붙은
음표를 연주하자마자 고스트 노트를 연주해야 하므로 적절하게 힘을 빼야합니다.
또 베이스 드럼이 (악보 c), (악보 d)에 수록되어 있으므로 마음에 드는 것을 연주해
봅시다. 또 이 패턴과 함께 다양한 하이햇 패턴을 연주해 보면 각 패턴별로 재미있
는 비트의 변화를 경험할 수 있으며 리니어(linear) 리듬에서 느낄 수 있는 스트레
이트적인 느낌과는 또 다른 두터운 그루브를 얻을 수 있을 것입니다.

085_꾸밈음을 연주하는 방법

프레이즈에 색다른 느낌을 더하고 싶다면

↓

꾸밈음 연주법을 마스터하라

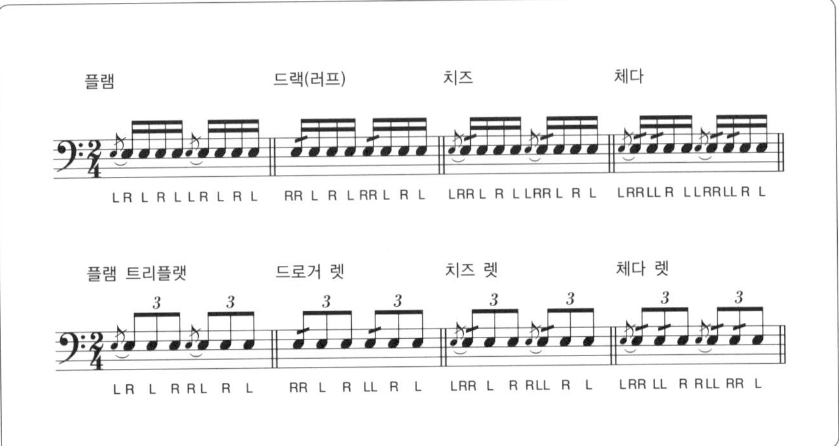

▲ 꾸밈음에 의한 리듬패턴

두 번 두드려야 하는 부분을 한 번에 표현할 수 있는 사람이야말로 훌륭한 드러머라는 이야기가 있는데 저는 그렇게 생각하지 않습니다. 이것은 어디까지나 드러머의 연주 스타일에 따라 다르게 해석해야 하는 부분으로, 꾸밈음을 연주하고 싶은 경우에는 이와 같은 정설대로 연주하지 않아도 전혀 상관 없습니다. Tip 085에서는 꾸밈음 방법을 몇 가지로 분류해서 생각해 보고, 이것을 16분음표와 3연음에 적용해 보겠습니다.

① 플램 : 메인노트(악센트가 붙은 음)앞에 꾸밈음(고스트 노트)이 있다.

② 드랙 : 메인노트 앞에 꾸밈음으로 두 번 두드리는 드랙과 메인노트 전체를 두 번 두드리는 드랙이 있다.

③ 치즈 : 플램과 드랙이 합쳐진 형태의 하이브리드 루디먼트(Hybrid Rudiment)

④ 체다 : 치즈의 다음타까지 드랙으로 연주하는 고난이도의 하이브리드 루디먼트

오픈 롤을 마스터하고 싶다면
↓
쇼트 & 스퀴즈를 터득하라

▲ 쇼트 & 스퀴즈

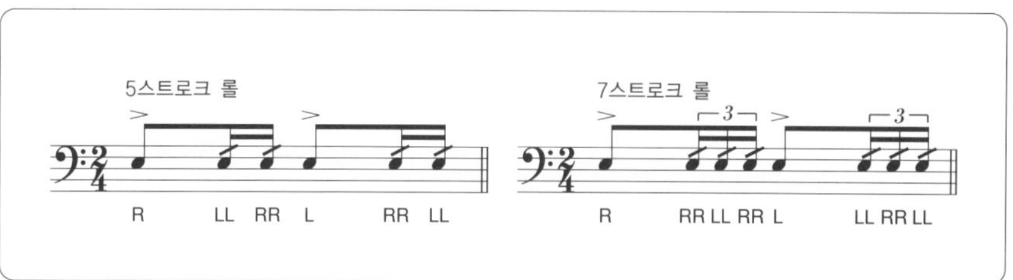

▲ 5스트로크 롤과 7스트로크 롤

오픈 롤(Open Roll)은 한음 한음을 분명하게 표현하는 롤입니다. 이것은 롤의 일종이기 때문에 고난이도의 더블 스트로크를 필요로 하는데, 리바운드한 스틱을 처음 높이의 반 정도 높이에서 움켜쥐어 두 번째 음을 연주합니다(사진). 이와 같은 손의 움직임을 쇼트 & 스퀴즈(Shot & Squeeze)라고 합니다. 이 상태에서 롤을 지속하는 것을 롱 롤(Long Roll)이라고 하고 마지막에 악센트를 붙이는 경우에는 악센트를 포함한 그루핑(Grouping)의 수가 해당 롤의 명칭이 됩니다. 예를 들어 5스트로크 롤은 악센트를 포함해서 5번 두드리는 프레이즈를, 7스트로크 롤은 악센트를 포함해서 7번 두드리는 프레이즈를 의미합니다(악보). 이 외에도 9, 10, 13, 15, 17 스트로크 롤 등이 있는데, 스트로크의 수가 늘어날수록 더블 스트로크를 연주하는 시간이 길어집니다.

클로즈 롤을 마스터하고 싶다면
↓
스틱에 압력을 가하는 방법과 스트로크 방법을 터득하라

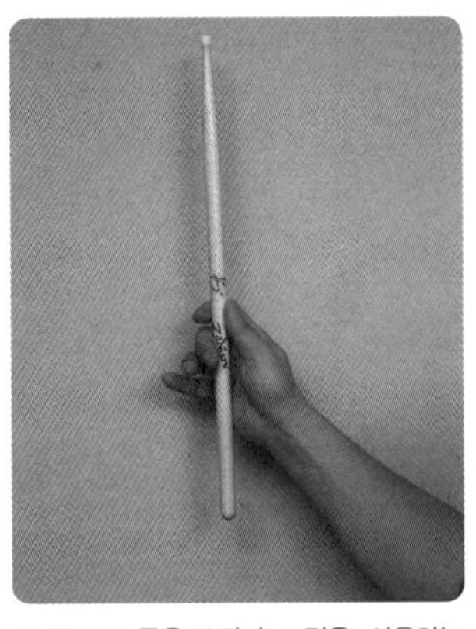

▲ 클로즈 롤은 3핑거 그립을 사용하는
것이 좋다.

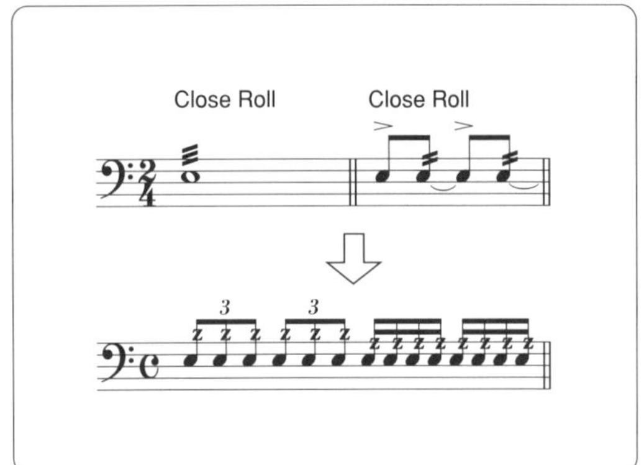

▲ 클로즈 롤의 표기법

P.A.S(국제 타악 예술 협회)에서는 클로즈 롤을 멀티플 바운스 롤이라고 합니다. 클로즈 롤은 이 외에도 버즈 롤, 프레스 롤 등의 이름으로 불리는 경우도 있습니다. 클로즈 롤을 하나의 테크닉으로 해석할 때에는 프레스 롤이라는 이름으로 통용되는데, 양손을 교대로 스틱을 조금 누르듯이 타면에 비벼 고르게 음을 연주하는 것입니다. 그립은 2핑거를 사용하면 리바운드에 가장 효과적이지만 지구력을 기대하기 어려우므로 3핑거(엄지손가락, 집게손가락, 가운뎃손가락)를 사용하는 것이 좋습니다.

표기법은 일반적인 롤과 마찬가지로 음표 기둥에 슬래시를 몇 개 붙이는 방법이 가장 좋은데, 이때에는 반드시 악보 위에 'Close Roll'이라고 표기하도록 합니다(악보). 또 음표기둥에 'Z'를 적는 표기법도 있는데, 이와 같이 표기하면 3연음 계열의 롤이나 16분음표 계열의 롤에서도 기본적인 스트로크 방법을 구별하기 쉽습니다.

사지독립을 원한다면

인디펜던스를 연습하라

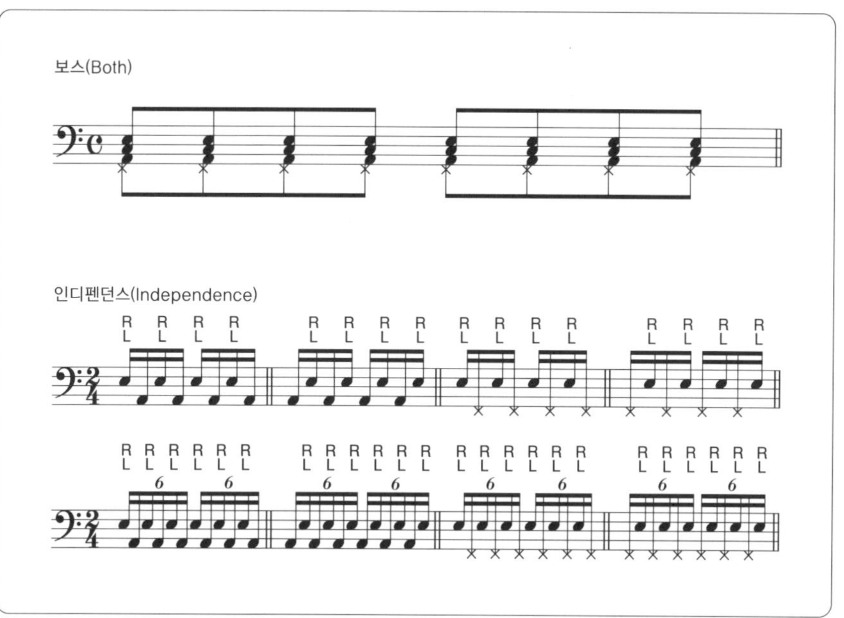

▲ 보스와 인디펜던스

　인디펜던스(Independence)를 직역하면 독립이라는 뜻으로, 4웨이 인디펜던스는 사지의 독립을 의미합니다.

　약 20년 전에 있었던 스티브 겟의 드럼 세미나에서 루디먼트 이외의 연습방법으로 인디펜던스를 소개한 바 있습니다. 또 10년 전의 사이먼 필립스 역시 인디펜던스의 중요성을 강조했는데, 해외의 유명 드러머들은 인디펜던스를 통해 자신의 콤비네이션을 조절한 후 무대 위에 오르는 경우가 많습니다.

　제 경우에는 우선 양손으로 동시에 보스(Both)를 연주해서 손과 발을 일치시킨 후 인디펜던스를 통해 손과 발을 분리시키는데, 매번 다른 종류의 인디펜던스를 연습합니다(악보). 인디펜던스는 왼손과 왼발의 강화에도 많은 도움이 되어 균등한 밸런스로 드럼을 연주할 수 있도록 해 줍니다.

프레이즈의 분명한 표현을 원한다면

프레이즈를 일정한 호흡으로 인식하라

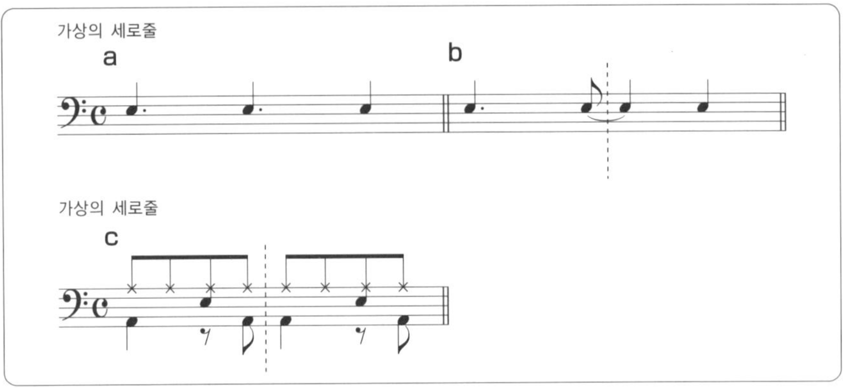

▲ 프레이즈를 일정한 호흡으로 인식하자.

드러머는 팀 전체의 사운드를 지탱함과 동시에 다른 멤버들이 박자를 놓치지 않도록 해야 하는 임무를 수행합니다. 이를 위해서는 항상 각 마디의 첫 박 또는 두 마디 패턴의 프레이즈를 해결감이 느껴지도록 연주해야 하므로 악보에 프레이즈의 해결을 알아보기 쉽게 표기해야 합니다. 예를 들어 1박 반에 해당하는 프레이즈의 호흡을 악보에 표기할 때 (악보 a)와 같이 표기하면 4박 전체를 한 프레이즈로 인식할 우려가 있습니다. 이때에는 (악보 b)와 같이 붙임줄을 사용하여 싱코페이션으로 표기하는 것이 보다 효과적입니다. 그리고 두 번째 박과 세 번째 박 사이에 점선으로 세로줄을 그어 프레이즈의 호흡을 알아보기 쉽게 하는 것이 좋은데, 이것을 가상의 세로줄이라고 합니다. 8비트를 표기할 때에는 (악보 c)와 같은 표기법이 가장 일반적인데, 이것은 2개의 패턴을 보다 해결감이 느껴지게 연주할 수 있도록 해 줍니다(가상의 세로줄을 기준으로 오른쪽 패턴과 왼쪽 패턴이 같다). 한 마디 안에 있는 모든 음표의 꼬리를 하나로 연결하면 프레이즈를 파악하기 힘들기 때문에 세로줄을 기준으로 꼬리를 묶고 3연음을 사용한 경우에는 8분음표를 세 개씩 묶는 것이 알아보기 쉽습니다. 이와 같이 시각적으로 알아보기 쉽게 악보를 표기하면 연주할 때 리듬패턴은 물론 각 프레이즈의 호흡을 쉽게 파악할 수 있습니다.

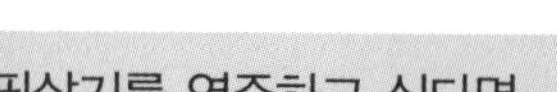

필살기를 연주하고 싶다면

느린 템포에서부터 연습을 시작하라

각 교재에 수록된 연습과제를 연습할 때에는 느린 템포부터 연습을 시작합니다. 제 경우에는 템포뿐만 아니라 음량도 다른 사람의 말소리가 들릴 정도의 조용한 상태부터 시작하는데, 심벌 레가토를 시작으로 루디먼트, 트윈 페달 등 모든 연습을 템포35부터 시작합니다. 이와 같이 느린 템포에서는 느린 호흡으로 연주할 수 밖에 없는데(아마도 빨리만 연주하던 사람은 템포40에서 체인지 업을 하는 것이 불가능할 것입니다), 느린 템포에서의 연습은 항상 여유 있는 호흡을 가지고 연주에 임할 수 있도록 해 줍니다.

템포를 올릴 때에는 엄격한 규칙을 정해놓고 조금씩 올리는데, 제 경우에는 타점, 높이, 자세 등을 체크하며 완벽하게 연주할 수 있을 때까지 절대 템포를 올리지 않는 규칙을 철저하게 지킵니다. 최고 템포는 메탈의 경우 16분음표로 트윈 페달은 템포200 이상, 4비트 심벌 레가토는 4분음표로 템포400 이상, 16분음표의 파라디들은 템포200 이상을 목표로 하는 것이 좋습니다.

자신이 연주하는 음을
들을 수 있는 집중력

드러머에게는 집중력이 절실하게 요구됩니다. 제가 연주할 때 집중력을 가지게 된 계기는 30년 전 히노 모토히코 씨의 연주를 클럽 문 밖에서 우연히 듣게 되면서부터입니다. 이때는 마침 제가 연주하던 공연의 휴식시간이었는데, 히노 씨의 연주를 들으며 연주하는 모든 음에 온 정신을 집중해서 책임감있게 연주하는 인상을 받았습니다. '저런 집중력은 대체 어디서 오는 걸까?' 라고 생각하며 저도 연주할 때 자신이 연주하는 음에 대해 좀 더 집중력을 가져야겠다고 마음먹고 다음 스테이지의 연주를 시작했는데, 제가 연주하고 있는 음들 하나하나가 귀에 쏙쏙 들어오는 것이었습니다. 저는 지금도 자신의 연주를 객관적으로 들을 수 있게 된 그날의 느낌을 떠올리며 연주에 임하고 있습니다.

한 단계 더 높은 실력향상을 위한 팁

드디어 이 책의 마지막 장인 제10장에 도달했습니다. 여기서는 슬립 비트와 오스티나토, 더블 베이스 등의 테크닉에서부터 드러밍에 필요한 다양한 테크닉과 연주할 때의 마음가짐 등에 대해 살펴보겠습니다. 특히 재즈를 연주하기 위해서는 많은 곡들을 암기하고, 멜로디를 인식한 상태에서 연주를 해야 합니다. 그러나 한 장르에 국한되지 않고, 록을 주로 연주하지만 재즈 드러밍을 공부하거나 재즈를 주로 연주하지만 트윈 페달을 익혀두는 등 장르를 초월한 연습을 병행하면 보다 표현력이 풍부한 드러밍이 가능해질 것입니다. 제10장에서는 이와 같은 장르를 초월한 연습방법도 소개하고 있으므로 참고하기 바랍니다.

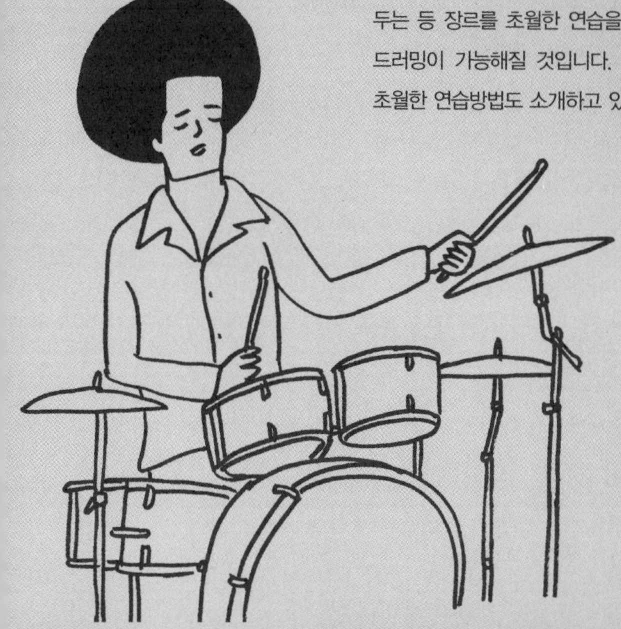

▲ 슬립 비트(Slip Beat)

이번에는 드러머들 사이에서 친구를 잃을 수도 있는 테크닉이라고 불리는 슬립 비트에 관해 살펴보겠습니다. 지금까지 드러머는 기본패턴에 충실해야 한다고 거듭 강조해 왔지만 상급자를 위해 의도적으로 변칙적인 리듬을 사용하는 테크닉을 소개하겠습니다. 이것은 카 레이스에서 사용되는 슬립이라는 용어와 마찬가지로 미끄러지는 것 같은 느낌이 들기도 하고 잘못 연주하면 팀 사운드 전체가 흔들릴 수도 있습니다. 그럼 도대체 이와 같은 테크닉은 왜 사용하는 것일까요? 데이브 웨클(Dave Weckl)이나 데니스 챔버스(Dennis Chambers)와 같은 드러머들은 이 슬립 비트를 즐겨 사용하는데, 기본적인 패턴은 이미 완벽하게 구사할 수 있기 때문에 보다 테크닉적인 연주를 통해 리듬적인 긴장을 표현하려는 의도라고 추측됩니다. 가장 기본적인 형태로는 8분음표만큼 앞으로 당기거나 뒤로 민 패턴이 있는데(악보), 우선 8비트의 기본패턴을 연주한 후에 슬립 비트로 바꿔 봅시다. 기본패턴을 연주하지 않고 바로 슬립 패턴을 연주하면 정확하게 익히는 것이 불가능하므로 주의하기 바랍니다. 또 이 테크닉을 연습할 때에는 반드시 정확한 카운트와 함께 연습해야 합니다.

재즈 잼 세션에 참가하고 싶다면

↓

스탠더드 곡을 마스터하라

▲ CD와 스탠더드 50곡이 수록되어 있는 악보집

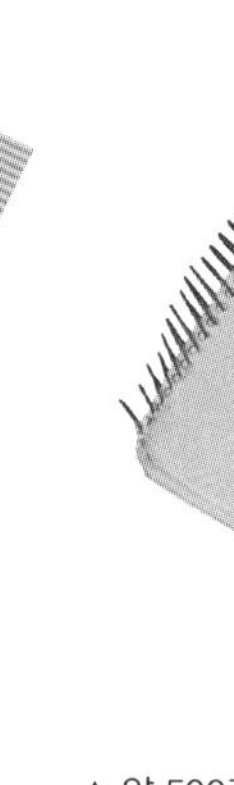

▲ 약 500곡 정도의 스탠더드 곡이 수록되어 있는 〈리얼북〉

예전에 저와 함께 자주 연주하던 테너 색소포니스트인 마츠모토 히데히코 씨는 재즈 스탠더드를 200곡 이상 외우고 있다고 했습니다. 그와 함께 재즈 콘서트를 한 적이 있었는데, 그날 마츠모토 씨는 관객들의 신청곡을 모두 외워서 연주하는 기염을 토했습니다. 심지어는 피아니스트인 아오야기 마코토 씨나 제가 모르는 곡들은 피아니스트가 솔로를 하고 있는 동안 틈틈이 코드를 적어서 건네주는 여유까지 보였는데, 아오야기 씨와 저는 그런 그에 비해서 암기하고 있는 레퍼토리가 부족한 것에 대해 반성하는 마음을 가질 수밖에 없었습니다.

물론 200곡 이상이나 되는 곡을 반드시 외워야 한다는 이야기는 아니지만, 자주 연주되는 곡들은 완벽하게 외워두는 것이 좋습니다. 재즈에서 자주 연주되는 레퍼토리 중 50곡 정도만 외워도 잼 세션에 참여하는 데에는 별 문제가 없을 것입니다. 보다 다양한 스탠더드 곡의 구성과 코드진행을 파악하고 싶다면 〈리얼북〉을 구입해서 음악을 들으며 레퍼토리를 조금씩 늘려가도록 합시다.

재즈를 연주하다가 마디를 놓치면
↓
헤드 멜로디를 노래하며 연주하라

　드러머는 재즈를 연주할 때 해당 곡의 코드진행을 반드시 파악하고 있어야 합니다. 코드진행을 파악하지 못한 상태에서 연주를 하면 마디를 놓치거나 곡 자체의 폼을 놓치는 경우가 자주 발생하는데, 그렇다고 화성학을 처음부터 익히기에는 시간이 턱없이 부족합니다. 우선 재즈 음반을 들을 때 곡의 헤드 멜로디를 입으로 흥얼거릴 수 있을 정도로 익힙니다. 멜로디를 완전히 익히면 무의식적으로 코드와 베이스 진행을 파악할 수 있습니다. 재즈곡의 일반적인 구성은 즉흥 인트로➡헤드 멜로디➡솔로(멜로디 파트)➡4바 트레이드(또는 8바 트레이드 : 멜로디 파트와 드럼이 번갈아가며 솔로를 하는 구간)➡헤드 멜로디➡즉흥 엔딩으로 이루어져 있는데, 곡의 헤드 멜로디와 코드만 적은 악보를 보며 연주하는 것이 보통입니다. 즉 헤드 멜로디의 코드진행을 반복하며 곡이 진행되는데, 함께 연주하는 연주자들이 음악적인 교감을 나누며 솔로를 전개해 갑니다. 그러나 솔로를 할 때에도 헤드 멜로디를 머릿속에 떠올리며 연주하면 보다 좋은 솔로가 가능하므로 드럼 솔로를 할 때 멜로디에 입각하여 내용이 충실한 솔로를 할 수 있도록 해야 합니다.

자신의 개성이 분명한 드러머가 되고 싶다면

장르를 불문하고 자신의 연주 스타일을 정립하라

보즈 스캑스(Boz Scaggs)는 음악의 장르를 나누는 것은 바람직하지 않다고 했는데, 그의 말뜻은 아마도 장르를 구분하지 말고 음악을 골고루 감상하라는 의미일 것입니다. 여러 장르를 연주하는 것은 연주자에게 있어서도 매우 흥미로운 경험입니다. 제 경우에는 재즈, 록, 라틴 등의 다양한 장르를 연주하고 있는데, 이것이 가능한 이유는 드러머라면 다양한 음악에 대응할 수 있어야 한다는 생각에서 꾸준히 여러 장르를 연습해왔고, 또 장르를 불문하고 자신의 연주 스타일을 확립하기 위해 노력했기 때문입니다. 이것은 자기 식으로 맘대로 연주하는 것과는 전혀 다른 의미로 모든 장르를 소화할 수 있는 드러머가 되기 위해서는 각 장르에서 자주 사용되는 리듬패턴과 필–인을 익혀두는 자세가 절실히 요구됩니다.

그러나 한 사람의 드러머가 모든 장르에 대해 능통하기란 매우 어려운 일이므로, 특정 장르에서 일인자가 되어야겠다는 생각이 들면, 재즈의 달인이 되거나, 메탈의 달인이 되겠다는 각오로 연습에 임하는 것도 좋습니다.

크로스 리듬을 마스터하고 싶다면
⬇
음표에 단어를 붙여서 익혀 보자

▲ 크로스 리듬에 단어를 붙여보자.

크로스 리듬은 리듬적인 텐션을 주기 위해 사용하는 테크닉으로, 곡 중에 긴장감을 조성하는 역할을 합니다. 크로스 리듬이 어렵다는 선입견 때문에 선뜻 도전하지 못한다면 단어를 붙여서 연습해 봅시다.

윌리엄 스콧(William Scott)의 명곡인 『Beelzebub』의 기본비트는 $\frac{5}{8}$ 박자와 $\frac{4}{8}$ 박자가 번갈아가며 나오고, 고난이도의 테크닉을 필요로 하는 리니어 리듬(동시에 드럼을 치는 부분이 전혀 없는 리듬)을 사용하고 있는데, 이 리듬에 '신촌로터리 삼겹살집' 과 같이 단어를 붙여서 연주해보면 쉽게 마스터할 수 있습니다(악보 a). 이 외에도 7박의 경우에는 '여름방학 휴가철' 등과 같이 단어를 붙여보고, 박자의 분할이 3:4인 경우에는 반대로 '휴가철 여름방학' 으로 바꾸면 됩니다. 프랭크 자파(Frank Zappa)의 어려운 곡인 『The Black Page #2』의 후반부에는 4박 11연음(악보 b)이 등장하는데, 이것을 연주할 때에도 '이-정-도-쯤-이-야 문-제-없-다-구' 등과 같은 말을 붙여서 연주하면 쉽게 터득할 수 있을 것입니다.

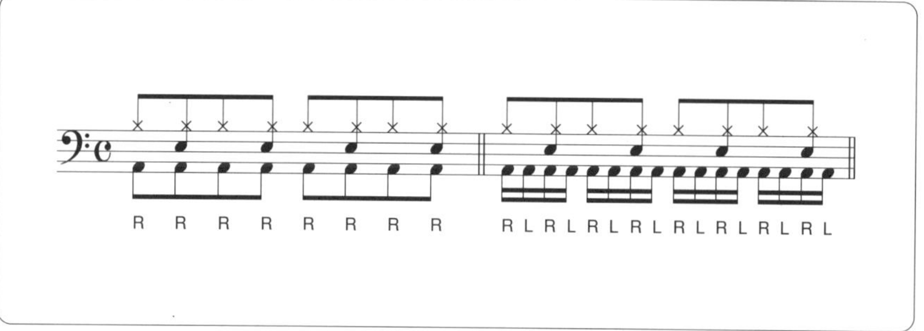

▲ 빠른 템포에서의 트윈 페달 연습방법

트윈 페달 테크닉은 나날이 발전하여 엄청난 테크닉을 필요로 하는 영역으로 발전을 거듭하고 있습니다. 예전에는 그저 트윈 페달을 사용한다는 것 자체만으로 주목받곤 했지만 판테라(Pantera)의 비니 폴(Vinnie Paul)이 8분음표를 3연음으로 쪼개는 혁신적인 연주 이후 다양한 테크닉들이 개발되었습니다. 특히 기타 리프와 완벽한 유니즌을 이루는 피어 팩토리(Fear Factory)의 드러머 레이몬드 헤레라(Raymond Herrera)의 광속 트윈 페달 연주나 드러머라면 누구나 알고 있는 황금의 발 버질 도나티(Virgil Donati)의 초고속의 변칙 리듬과 베이스 드럼 더블 스트로크 등을 보면 트윈 페달로 구사할 수 있는 테크닉이 무한하다는 것을 다시 한 번 실감하게 됩니다.

템포 역시 시간이 지날수록 초고속화 되어가는 추세입니다. 오래전에 〈X-JAPAN〉의 요시키가 템포 190~200에서 16분음표를 연주했었는데, 최근 메탈, 스래쉬, 블래스트 비트의 세계에서는 템포 230에서 트윈 페달 테크닉이 사용되고 있습니다. 트윈 페달 또는 더블 베이스를 사용하여 이 정도의 템포에서 연주하고 싶다면 우선 처음은 한 발로 8분음표를 빠르게 연주하며 다른 발로 업 비트를 채워가는 느낌으로 연주하는 것이 좋습니다(악보). 트윈 페달 테크닉은 그야말로 드러밍이라 쓰고 달리기라고 불러도 될 정도의 체력을 요구합니다.

드럼 솔로에 더욱 다양한 패턴을 이용하고 싶다면
↓
오스티나토를 마스터하라

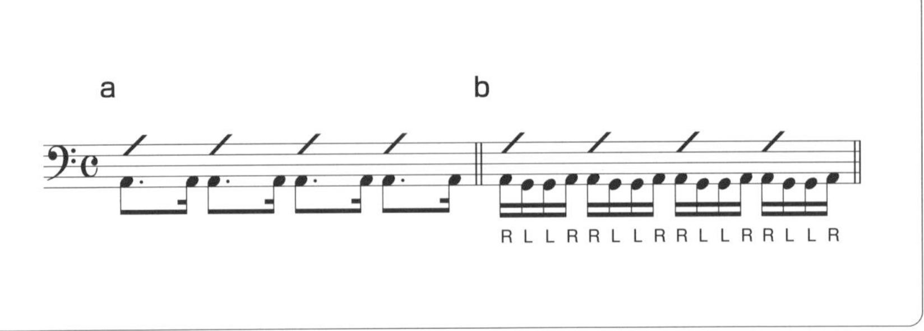

▲ 오스티나토는 나날이 진화를 거듭하고 있다.

오스티나토(Ostinato)란 하나의 프레이즈를 계속 연주하면서 다른 프레이즈를 동시에 연주하는 것입니다. 그러나 사지를 움직여서 연주하는 드럼의 경우에는 특별히 의식하지 않은 상태에서 오스티나토를 무의식적으로 연주하고 있는 경우가 많은데, 예를 들어 삼바에서 풋 워크는 일정한 리듬을 반복하고, 손은 리듬을 변형시켜가며 연주하는 경우가 많습니다(악보 a). 인간의 뇌는 동시에 두 가지의 명령을 신체에 전달하는 것이 가능한데, 오스티나토를 연주하는 것은 손과 발에 내려진 각각 다른 명령을 수행하는 것과 같다고 할 수 있습니다.

오스티나토 역시 앞서 살펴본 트윈 페달 테크닉과 마찬가지로 나날이 진화를 거듭하고 있습니다. 예전에는 삼바 킥을 밟으면서 드럼솔로를 하는 것만으로도 관객들의 호응을 이끌어낼 수 있었지만, 마르코 미네만이나 토마스 랭과 같은 드러머들의 등장으로 이제는 그정도의 오스티나토로는 전혀 주목을 받을 수 없게 되었습니다. 훌륭한 연주자가 등장하면 음악을 듣는 관객들의 수준 역시 높아지기 마련입니다. 2005년에 저와 같은 무대에 섰던 사이먼 필립스도 삼바 킥 사이사이의 음들을 왼발로 채워나가는 인워드 파라디들(Inward Paradiddle)에 의한 오스티나토를 솔로에서 구사했는데(악보 b), 초고속 템포와 테크닉의 진수를 맛볼 수 있었습니다.

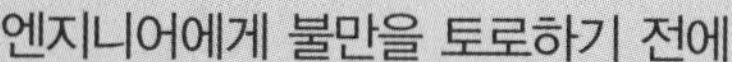

다른 사람을 탓하지 말라는 것은 저의 좌우명 중 하나입니다. 공연을 하다보면 돌발 상황은 늘 발생합니다. 특히 외국공연에서는 MTR(멀티 트랙 레코더)의 플러그가 뽑혀서 전원이 나가거나, 오프닝 곡의 도입부에서 클릭 소리가 나지 않는 등 예기치 못했던 상황이 벌어집니다. 저는 이런 일을 겪은 후 누군가에게 부탁하면 생길 수 있는 돌발 상황을 미리 방지하기 위해 제가 직접 MTR의 스타트 버튼을 누르고 있습니다.

연주의 종류와 규모를 불문하고 모든 공연 현장에는 많은 위험들이 도사리고 있습니다. 리허설에서는 아무 이상이 없던 모니터 스피커가 공연 중에 이상을 보이기도 하고, 실수로 떨어뜨린 스틱이 페달 밑에 끼어서 주울 수 없게 되는 일들이 벌어지는 것입니다. 그러나 이와 같은 상황이 벌어졌을 때 절대로 다른 사람을 탓하면 안됩니다. 음향적인 문제가 생긴 경우에도 엔지니어를 탓하기 전에 자신의 연주에 충실한 자세를 갖도록 해야 합니다.

▲ 악보는 알아보기 쉽게 분류하여 파일에 보관하도록 하자.

연주생활을 오래하다 보면 악보가 늘어나서 주체할 수 없는 지경에 이르곤 합니다. 다시 연주할 일이 없는 곡의 악보는 버려도 상관없지만, 다시 연주할 가능성이 있는 악보는 잘 보관하여 악보를 다시 그려야 하는 번거로움을 줄이도록 합니다. 세션 활동으로 사용한 악보뿐만 아니라 자신의 팀에서 사용하는 악보들도 팀별로 분류하여 보관하는 것이 좋습니다. 물론 자신이 메인으로 활동하고 있는 팀의 레퍼토리들은 이미 외우고 있겠지만, 몇 개월에 한 번씩 모여서 합주와 공연을 하는 팀의 레퍼토리는 잊어버리기가 쉽습니다. 이 외에도 자신의 개인연습에 사용하는 악보들도 장르별로 나누어서 보관하도록 합니다. 저는 팝, 가요, 라틴, 퍼커션, 재즈 등의 카테고리로 파일화 합니다. 드럼교재들 역시 종류별로 나누어서 책꽂이에 꽂아두는 것이 좋은데, 아무리 분류를 잘해 두어도 악보 한 장을 찾기 위해 오랜 시간이 걸리거나 필요한 악보(공들여 카피한)를 잃어버리는 경우도 생깁니다.

프로를 꿈꾸고 있다면

↓

구체적인 목표와 계획을 가지고 연습에 임하라

학생들로부터 프로 연주자가 되기 위해서는 어떻게 해야 하는지에 대한 질문을 자주 받습니다. 그러나 프로 연주자들은 그야말로 다양한 분야에 종사하고 있기 때문에 한마디로 이야기하기가 힘듭니다. 프로 연주자들은 레코딩 세션 전문 연주자, 라이브 세션 전문 연주자, 재즈 드러머, 드럼 강사 등 다양한 분야에서 활약하고 있으므로, 먼저 언제 어느 분야로 진출하고 싶은지에 대한 구체적인 목표와 계획을 세워야 합니다. 저는 10대 때 부터 클럽연주를 해 왔는데, 손님이 거의 없는 날에도 자세와 타점, 그립을 체크해가며 연주했습니다. 그리고 언젠가는 프로 뮤지션이 되고야 말겠다는 꿈을 한시도 잊은 적이 없습니다. 꿈을 가지고 있으면 기회는 반드시 찾아오게 되어 있습니다. 또 이 시기를 거치면서 연습은 거짓말을 하지 않는다는 진리를 실감할 수 있었는데, 실력이 향상될수록 그에 맞는 일들이 저절로 찾아왔습니다. 저는 지금도 고향에서 그동안 연습했던 다양한 연주 스타일을 살린 활동을 활발하게 전개하고 있습니다.

클릭 의존증

신디사이저를 동기화 하거나 미리 샘플링한 음원과 같이 공연하는 경우 박자를 파악하기 위해 드러머는 클릭을 들으면서 연주합니다. 그러나 미리 레코딩된 음원과 함께 연주하지 않는데도 불구하고 공연 시 클릭을 들으며 연주하는 드러머들이 의외로 많습니다. 물론 클릭을 들으며 연주하면 리듬을 정확하게 연주할 수 있다는 장점이 있지만 솔로주자가 푸쉬(Push)하며 연주하는데도 전혀 이에 반응하지 못한다면 그것은 참으로 심각한 사태라고 할 수 있습니다. 솔로주자의 연주를 듣지 않고 클릭에만 의존하면 음악적인 교감이 불가능한데, 클릭 없이는 일정한 템포를 유지할 수 없는 클릭 의존증이라는 심각한 병에 걸렸다고 밖에 할 수 없습니다. 이 병은 실수할 것에 대한 두려움을 버리고 클릭 없이 연주하는 것에 끊임없이 도전할 때만이 치유할 수 있습니다.

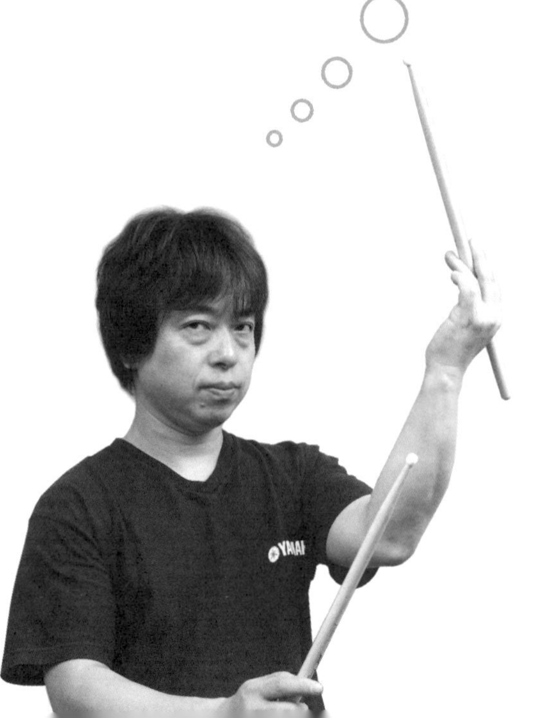

마치며

〈100가지 팁 시리즈〉의 집필을 의뢰받았을 때 팁이 100가지나 존재한다면 그것은 더 이상 팁이 아니라 정형화된 연습방법이 아닐까? 라는 생각이 순간 머릿속을 스치고 지나갔습니다. 그러나 매사에 요령껏 일을 처리하는 것을 좋아하는 저는 어느새 팁이라는 단어에 매료되어 흔쾌히 작업을 시작하게 되었습니다. 경우에 따라서는 필살기에 가까운 연주를 선보여야 하는 드럼은 프로 레슬링과 비슷한 점이 많습니다. 프로 레슬링 선수 출신인 친구는 "프로 레슬러가 되면 한 경기에서 사용하는 필살기의 수가 적어진다. 안토니오 이노키 씨 같은 경우는 특히 필살기를 적게 사용하지만 관중들은 그의 경기에 열화와 같은 성원을 보낸다."라는 이야기를 한 적이 있습니다. 그의 말대로 중급 정도의 레슬러들은 필살기를 남발하는 경우가 많은 반면, 프로 레슬러들의 경기를 보면 표정에서부터 테크닉을 구사하는 순서, 마무리에 이르기까지 시합의 전개가 그야말로 완벽에 가깝습니다. 중요한 것은 필살기의 수가 아니라 시합의 기승전결을 드라마틱하게 전개하는 것입니다. 드럼을 연주하는 것도 이와 마찬가지로 곡의 전개를 얼마만큼 자연스럽게 해 나갈 수 있느냐가 중요한 것입니다. 연주할 곡에 필요한 리듬패턴이나 필살기를 적절하게 사용할 수 있는 드러머야말로 진정한 실력자라고 할 수 있습니다(레슬링에 비유하면 타격이 뛰어난 그랜드 슬래머라고 할 수 있습니다). 저는 여러분이 리듬을 키핑하는 능력도 좋지만 음악적인 프레이즈를 사용하는 드러머가 되기를 바랍니다. 이 책이 여러분이 진정한 실력자가 되는데 조금이라도 도움이 되었다면 더할 나위 없이 기쁠 것입니다.

2006년 11월　스가누마 코우조우

스가누마 코우조우

오사카 출신. 15세 때 프로 데뷔. 고속 연타와 필살기의 구사로 '필살기의 왕'이라는 별명을 얻음. 많은 뮤지션의 레코딩, 라이브 세션에 참가하는 한편, 전국에 '스가누마 코우조우 드럼 도장'을 개원, 각종 세미나와 클리닉에 출연 중. 일본은 물론 해외에서도 많은 이들의 지지를 받고 있음. 자신의 밴드인 〈FRAGILE〉에서 활동 중.

http://www.kozo.org/

드럼의 달인이 되기위한

100가지 팁!

100 Tips For Drum

발 행 일   2010년 8월 15일

발 행 인   김두영
번   역   임세라
발 행 처   삼호ETM (http://www.samhomusic.com)
              우편번호 10881
              경기도 파주시 문발로 175
              마케팅기획부   전화 1577-3588   팩스 (031) 955-3599
              콘텐츠기획개발부   전화 (031) 955-3589   팩스 (031) 955-3598
등   록   2009년 2월 12일 제 321-2009-00027호

ISBN   978-89-94034-73-7
          978-89-94034-59-1(세트)